La ficción del ahorro

La ficción del ahorro

CARMEN M. CÁCERES

gatopardo ediciones

Publicado originalmente en Argentina por Editorial Fiordo

Rambla de Catalunya, 131, 1.º-1.ª
08008 Barcelona (España)
info@gatopardoediciones.es
www.gatopardoediciones.es

Primera edición: mayo, 2025

Diseño de la colección y de la cubierta: Rosa Lladó

Imagen de la cubierta: © fotografía intervenida por Carmen M. Cáceres
Imagen de la solapa: © Sofía Schiavoni

ISBN: 978-84-129676-4-7
Depósito legal: B-5829-2025
Impresión: Liberdúplex, S.L.
Impreso en España

A Liliana y Alejandro

Y a Charo, que siempre partirá conmigo
de la misma ciudad

Y nosotros, que sabíamos que ni el trabajo seguro ni el dinero hacían la felicidad, no podíamos evitar desear para ellos, sobre todo, esa felicidad.

Annie Ernaux

Toda literatura es provinciana. La literatura es provincia, tierra de vencidos.

Luis Chitarroni

UNO

Conviene tener siempre un comienzo a disposición, algo dispuesto a arrancar en el preciso instante en que se dice *ahora* porque todo comienzo es una promesa de continuidad y a veces —muchas veces— con la promesa alcanza. Así que esto empieza ahora, en el instante en que mi segundo padre se pone a buscar los fajos de cien dólares y a releer viejos títulos de autos o propiedades, como si buscara en ellos un ancla, una serenidad. Estamos en una sala angosta, rodeados de pequeñas cajas de seguridad empotradas en las paredes y en el centro una mesa que, contra todo pronóstico, es de madera maciza. El frío sintético del aire acondicionado cumple también un papel crucial. Afuera hace treinta y tres grados, pero los diecisiete del interior parecen garantizar que en esta sala las respuestas serán sólidas. A la caja 232 le sigue otra con el número 233 y en Posadas, capital de la provincia de Misiones, esos elementos bastan para conformar la bóveda del Banco City.

La palabra «bóveda» hace pensar en corredores largos y mecanismos de acero que encastran con la lubricidad de la industria pesada. Hace pensar en la voluptuosidad de cifras grandes, de fajos de billetes que engordan a la espera del lujo o el placer. Pero a mi madre le dan pudor las cifras exactas y esa mañana cuando me dice que tengo que acompañar a mi segundo padre a sacar los ahorros del banco, no aclara cuánto dinero es, ni qué se espera de mí exactamente.

—Es imposible que le roben a una piba —dice mi segundo padre y no sé si lo dice porque empieza a sentirse mayor o porque en su imaginario de hombre nacido en 1948, el hecho de que una piba lleve los dólares es tan insólito que a ningún ladrón se le ocurriría jamás asaltarla. No sé qué contestar. Son las once de la mañana, pasé la noche en un colectivo de larga distancia que tardó doce horas en recorrer los mil kilómetros que separan Posadas de Buenos Aires y, a pesar del cansancio, disimulo el entusiasmo que me da esta nueva responsabilidad.

—Cuatro, cinco... —cuenta mientras acomoda los fajos sobre la mesa.

Las hijas tenemos claro que este dinero no es «de la familia» sino de mi madre y mi segundo padre. «De la familia» son los espacios domésticos y los objetos que dan forma a la cotidianidad: las camas de una plaza, los paquetes de galletitas alineados en la alacena, la ropa mal doblada en los placares, todo lo que cumple una función y tiene una presencia justificada. El dinero, no. El dinero no está hecho para quedarse quieto, no tiene un anclaje. Es ubicuo y se escurre como el agua caliente en la ducha o la línea de teléfono al fondo del auricular. Cada vez que las hijas pedimos efectivo, tenemos que argumentar el gasto con un motivo lo bastante rotundo como para detener el flujo y aplastar los pedidos de las otras. Competimos por el dinero sin complejo y sin descanso. Le dedicamos tiempo mental porque sabemos que el dinero es un medio que nos permite ejercer nuestra voluntad. Las zapatillas nuevas, la salida del fin de semana o los libros que no son indispensables exigen una estrategia de convencimiento que, si triunfa, acaba provocando el rencor de las otras —un rencor transitorio, aunque fulminante—. Mi madre y mi segundo padre también están obligados a dar argumentos, pero en su caso para explicar por qué a una se le da lo que a otra se le niega. Y todo ese magma de pedidos y explicaciones, de deseos y límites, sumado al historial de conversaciones y decisiones tácitas que van detrás, dan forma a la energía recíproca que ordena y sostiene la dinámica doméstica, igual que la materia oscura ordena y sostiene el universo. Al fondo, detrás de estas aventuras en la gestión de gastos, se esconde una ficción del ahorro que ahora toma cuerpo y se materializa en los pequeños fajos de billetes verdes.

—¿Cuánto hay?

—Casi noventa mil...

Mi madre estudió economía y a mediados de los ochenta, tras algunos intentos comerciales fallidos, consiguió un puesto en la administración pública provincial. Era la época de la democracia recién estrenada y todavía había cierto prestigio en formar parte del Estado, cierta fe en la idea de nación, como si existiera un lugar llamado futuro hacia el cual todos los argentinos caminábamos lenta, firmemente. Pero la inmovilidad del elefante burocrático degradó muy rápido esa ilusión y la redujo a una satisfacción más prosaica y tangible: la estabilidad. Mi madre llevaba casi veinte años cobrando un sueldo fijo, el ancla de una suma previsible a fin de mes. Para ella, los pesos argentinos ocupaban un lugar en el tiempo, eran figuras con volumen y forma en su imaginación, y tal vez por eso le daba pudor hablar de dinero. Si contaba que una prima se había comprado un terreno, mencionaba el precio rápido y en números redondos —«Unos treinta», decía— como quien avanza por una vereda esquivando la mierda de perro. Era consciente de que, arrojadas en una conversación, las cifras funcionaban como trampas de sentido en las que todo el mundo caía, a veces con un silencio morboso, otras con una avidez difícil de disimular. Cuando alguien se ponía a hablar del dinero propio o ajeno sin la debida elegancia, mi madre se miraba las manos y se acomodaba los anillos a la espera de que pasara el bochorno como pasan, suaves y constantes, las modas. Cada vez que se retraía al fondo de sus creencias, a ese espacio tal vez cambiante pero siempre ordenado en el que nadie le pedía nada, mi madre sentía intensamente su propia importancia.

Mi segundo padre, en cambio, se aferraba a los números como el montañista a la roca porque, para él, las cifras tenían el poder de revelar la realidad. Conocer y repetir cifras exactas lo protegía de caer en la ansiedad de lo relativo. Era dueño de una pequeña empresa de alquiler de maquinaria de construcción (hormigoneras, andamios, excavadoras) y la dinámica de su negocio le permitía saber a fin de mes cuántos pesos había gastado, pero no cuánto había ganado ni cuándo lo iba a cobrar. En su imaginación, el veintidós no era —no podía ser nunca— parecido al veinticuatro porque más que una figura, cada número era una función atada a otras cifras, y todas juntas armaban una retícula que aprisionaba con fuerza a la realidad. Cada nuevo contrato generaba una serie de pagarés, adelantos, bienes en almacén, existencias, cheques y gestiones en bancos en las que el dinero no se comportaba como un objeto que ocupa determinado lugar en el espacio, sino como una presa que se escabulle en el tiempo. Para atraparla, él estaba obligado a moverse. Y para moverse, necesitaba información. Mi segundo padre devoraba los diarios con esa avidez por las noticias típica de los hombres de su generación que todavía no habían sufrido el divorcio entre información y verdad. Cada vez que conseguía hilvanar una serie de datos y construir con ellos una versión sensata de la actualidad, mi segundo padre sentía intensamente su propia importancia.

Ahora acomoda el último fajo en la línea, ojea por encima algunos papeles guardados al fondo de la caja de seguridad y levanta uno. Me asomo por encima de su hombro y leo: «La hipoteca que se constituye en el presente acto comprende tanto el terreno...».

—¿Empezamos?

—Sí, sí —dice, pero se queda revolviendo los papeles. Pasa de un documento al siguiente manteniendo el dominio de sí, que es lo que él entiende por dignidad.

Hace un par de semanas tuvo que despedir a Héctor, el empleado que llevaba las tareas administrativas de la empresa. Trabajaban juntos desde hacía años, pero dos constructoras importantes habían frenado sus proyectos por miedo a la crisis y eso lo había obligado a achicar más la plantilla. Decidió echar al único empleado al que él mismo podía reemplazar. Yo también estoy sin trabajo —o tengo el trabajo de encontrar mi primer trabajo en Buenos Aires, lo que es bastante desesperante en un contexto en el que todo el mundo tiene quejas más legítimas o necesidades más urgentes que las mías—. En la tele y en los diarios publican todo el tiempo historias de salideras bancarias y seguro mi segundo padre tiene miedo de que el empleado del banco que nos guio hasta el primer subsuelo y colocó su pequeña llave en la cerradura derecha de la caja 232 mientras él ponía la suya en la izquierda haya enviado un mensaje con la frase: «Hombre de camisa amarilla», o mejor: «Hombre con barba, chica con mochila», o (con un poco de imaginación): «Segundo padre abnegado, falsa hija complaciente». Seguro tiene miedo de que la persona que recibió el hipotético mensaje aproveche la sombra de los lapachos de la plaza 9 de Julio para encañonarnos y llevarse todos los ahorros. Para evitarlo, diseñó un sistema: pegar los fajos de dólares a mi cuerpo con cinta de embalar.

—Levantate la remera —me dice cuando por fin vuelve a guardar los documentos en la caja. Inmediatamente después, un poco avergonzado—: ¿Dónde está la cinta? ¡No me digas que no trajiste la cinta de embalar! —Y levanta las manos con esa tendencia al énfasis que tienen las personas que sienten que cualquier desvío es un retraso.

—Está en la mochila —contesto como una alumna de primer grado.

—Se nota demasiado que está vacía. —Agarra el último de los fajos verdes alineados sobre la mesa y lo suelta en la mochila como quien entrega una propina: al buen trabajo, buena recompensa—. Con eso alcanza.

No importa lo rápido que se pase la mirada y se haga como que no existe: un fajo de billetes es un fajo de billetes acá y en China. Dan ganas de romperlos y tirarlos hacia arriba para que caigan parpadeando como nevada oriental. Pero cuando los billetes son dólares, la materialidad del fajo emana un aura más seria, una importancia cargada de complejo nacional. Miro el retrato ovalado del primer billete. Un presidente norteamericano calvo y con mechones de pelo hirsuto a la altura de las orejas me devuelve una mirada afeminada y cómplice.

—¿Cómo puede ser que en Argentina circulen billetes nuevos de cien dólares?

—Ni idea —respondo mientras me levanto la remera.

—Gracias —dice, sin mirarme a la cara.

El sistema es muy sencillo: vamos a forrar mi cintura con cinta de embalar y, sobre esa superficie de plástico, vamos a pegar los fajos de dólares protegidos en bolsitas transparentes.

—Hay que ajustar la base para que no se resbale.

Mi segundo padre se pone de rodillas y yo levanto los codos para que la remera quede a la altura de mis pechos. Desde arriba veo las franjas grises en las raíces del pelo, como senderos de un bosque incendiado, y siento el olor intenso de su colonia. Pega el extremo de la cinta a la altura de mis costillas y empujándome suavemente con la otra mano dice:

—Andá girando despacio, muy despacito.

Empiezo a dar vueltas como las muñecas de las cajitas de música. A la presión de sus dedos le sigue el roce del pegamento en la piel: primero a la altura del estómago, después en los riñones, en los músculos de la espalda, y en el ombligo otra vez.

—Si ponemos los fajos directamente sobre la piel, se van a caer con el sudor. Así, en cambio, sujetamos las bolsitas a una base rígida... —Igual que a otros hombres de su edad, a mi segundo padre le da tranquilidad escucharse.

Estornudo una, dos veces. Trato de recomponerme, pero sale un tercer estornudo más voluminoso y expansivo que los anteriores. Me seco rápidamente la boca. Incluso en un momento y un lugar tan absurdo como este, me da vergüenza perder el control. Terminamos de acomodar la base, nos acercamos a la mesa y uno por uno vamos guardando cada fajo dentro de una bolsita transparente. Ocho en total. Mi segundo padre vuelve a agacharse y con la misma delicadeza de antes pega el primer fajo a la base. Le tiemblan ligeramente los dedos, hinchados por una artrosis irrefrenable.

—¿Estás nervioso?

—¿Yo? Para nada, si la que lleva la guita sos vos. —Y sonríe de lado, como si quisiera demostrarme que sigue siendo un hombre liviano.

Yo todavía no siento nervios, pero sí frío. Paso varios minutos con la remera levantada, el aire acondicionado me congela los riñones y provoca unas ganas fuertes de orinar. Cuando por fin tengo todos los fajos encima, me bajo la remera y me alejo unos pasos.

—¿Qué tal? —Sé que la corona de dólares me deja la cintura de una abuela sedentaria y las esquinas de los billetes sobresalen como pezones erizados—. Se nota muchísimo.

Mi segundo padre me mira con el ceño fruncido. Se pone de pie.

—No. Está bien así. —Se acerca a la mesa y termina de ordenar los documentos que habían quedado junto a la caja de seguridad 232.

—Pero es ridículo... se va a dar cuenta todo el mundo. ¿Por qué no los metemos en la mochila?

—Porque no.

Apoya las manos sobre la mesa y deja caer todo el peso hacia delante como si fuera a hacer un rezo musulmán. Son las 11:42 de la mañana. Tiene cincuenta y siete años. Ya superó otras crisis, sólo necesita darse un poco de valor: explicarse lo que pasa, ordenar el mundo según sus ideas, ceder a la certeza de que durante un tiempo el futuro va a tener el tamaño del corto plazo, de las gestiones estrictamente inmediatas, pero más adelante, cuando las cosas se acomoden —es decir, cuando todos nos amoldemos a esta nueva realidad— se podrá volver a pensar en cambiar el coche, en invertir en alguna máquina nueva, en un viaje. Necesito decirle eso, darle un poco de perspectiva, relativizar: después de todo, los ahorros van a estar en casa.

Pero no me sale y sé que es por cobardía. Mi hermana Carla tendría la palabra justa, pero yo me quedo callada. En los medios dicen que después de restringir el efectivo en los cajeros, el gobierno va a confiscar las cajas de seguridad. No le interesan las joyas ni las propiedades, lo que el gobierno necesita es efectivo, moneda inmediata en papel. La capacidad del pueblo argentino para reponerse a este tipo de políticas improvisadas e insólitas alimenta el mito de los argentinos como raza creativa y resiliente. En definitiva, enfrentar una crisis cada veinte años también es una forma de estabilidad. Una periodista encontró una metáfora para nombrar el fenómeno que estamos inventando y que tanto sorprende al mundo: «corralito». La palabra «corralito» hace pensar en un cuadrado de tierra cercado, en animales productivos, en una aspereza periférica y rural. La magia está en el diminutivo, que muestra un pensamiento de segundo grado, una abstracción que sabe burlarse de la seriedad infantil de los bancos. Gracias a la Argentina, un «corral» jamás volverá a ser lo mismo que un «corralito». Y en eso estamos mi segundo padre y yo, intentando saltar la valla. Si conseguimos llegar a casa con los dólares, el sistema de las bolsas se va a convertir en una hermosa anécdota familiar. Vuelvo a estornudar, pero esta vez no consigo retener la fuerza de la descarga.

—Te resfriaste. Nos vamos ya mismo. —Se acerca a la única puerta de la salita y toca un interruptor.

En los minutos que tarda en llegar el empleado, terminamos de meter las cosas en la caja sin hablar, conscientes del silencio, pero incapaces de romperlo de forma espontánea. El empleado cumple el protocolo y regresa la cajita 232 a su nicho con el buen gusto de disimular que ahora está liviana. Subimos la escalera angosta en fila india: el empleado, mi segundo padre con la mochila al hombro, y yo. De espaldas no parece nervioso, pero sube torpemente, como si tuviera que decidir cada paso que da. No es difícil imaginar en qué piensa mientras se despide del empleado y sale a la calle atento a los movimientos en la esquina, a la moto que arranca y prueba un par de veces el caño de escape o a la flauta del vendedor de chipa. El calor misionero nos golpea con el peso de la obviedad. El sol evapora la humedad del suelo anegado por las tormentas de los últimos días y los canteros de la plaza 9 de Julio están hinchados con una obscena variedad de tonos verdes. Por costumbre, caminamos despacio. Es algo que los posadeños aprendemos de chicos, hay que desplazarse sin alterar la sangre, como los reptiles, persiguiendo la sombra de árboles y marquesinas, desconfiando de quienes ven un mérito en la velocidad.

—¡Carlitos! —grita mi segundo padre como si llevara siglos sin verlo.

Un par de metros más adelante veo al amigo gay de mis padres. Es el único que avanza tranquilo bajo el sol, como si no lo rozara el tiempo que hace.

—¿Vos no estabas en Buenos Aires? —me pregunta mientras me da dos besos. Huele a cigarrillos Parliament. O a cenicero con colillas de cigarrillos Parliament.

—Ya terminó. Promocionó todas las materias —aclara mi segundo padre impostando un orgullo que en realidad no siente. Estudiar es mi trabajo y da por descontado que, con el esfuerzo que hacen por mantenerme en Buenos Aires, no hay chances de fracasar.

—Mejor... Con la que está cayendo allá, los saqueos y todo eso.

Carlitos me cae bien porque es el único amigo de mis padres que me habla con naturalidad. Jamás se queja de la burocracia o de la cola en el puente que une Posadas y Encarnación y que en diciembre colapsa de coches atestados de juguetes y turrones importados. Dentro de dos años, Carlitos se pondrá de novio con un dentista de Avellaneda, dejará a su madre en lo de la hermana, gastará todos sus ahorros en abrir una rotisería en Buenos Aires y nadie lo volverá a ver en la ciudad.

—Pobre, se tuvo que ir de acá —dirá entonces mi madre con el tono de voz que usa para despreciar la estrechez de la ciudad en la que vive. Un tono adulto, dirigido únicamente a la atención de mi segundo padre. Pero a mi segundo padre le costará creer que Carlitos tomó esa decisión sólo por la supuesta animadversión del pueblo.

—¡Si acá nadie lo juzgaba!

Entonces mi madre lo mirará como diciendo: «Y vos qué sabrás».

Esa es la diferencia entre ellos. La familia de mi madre es de Posadas, con todas las dimensiones tácitas que caben en el sentido de pertenencia. Mi segundo padre es porteño, se mudó a Posadas hace quince años tras una adjudicación importante de la Municipalidad y después «se fue quedando». La cuestión de la territorialidad es un idioma privado entre ellos, una erótica de los orígenes que —como toda erótica— puede promover tanto el encuentro como el rencor. La tensión ciudad grande-ciudad pequeña a veces se traduce en roles más sutiles e hirientes: hombre de mundo-mujer de provincia, forastero sin códigos-guía cínica y local. «Vos no entendés porque no sos de acá», dice mi madre. «Vos no entendés, porque sólo viviste acá», responde mi segundo padre. A pesar de que la irrita y hasta la avergüenza la supuesta superioridad porteña de mi segundo padre, en el fondo la tranquiliza estar casada con alguien que no es de la ciudad. Le permite sentirse diferente y, a la vez, defender a conciencia la idiosincrasia local frente a quien no sabe apreciar la alegría sin ambición de la provincia. Cuando mi madre está de buen humor, dice que su trabajo es analizar sistemas impositivos de otros gobiernos para replicarlos en Misiones. Cuando está de mal humor, dice que es ir a reuniones con cuñados de políticos infradotados. No es una mujer a la que le interese tanto «tener razón» (mérito urbano, transitorio) como «hacer las cosas bien» (mérito provinciano, a largo plazo).

En diciembre de 2001, Carlitos va muy bien vestido, con la pulcritud de los hijos de madres que jamás trabajaron fuera de casa, pero está tan flaco que no puede llevar pantalones sin cinturón. Tiene unos cuarenta y largos, pero parece más joven. En mi casa se explica esto con un argumento sencillo y contundente: Carlitos está perfecto porque no tiene hijos.

—¿Te vas a algún lado en enero?

—No, me quedo acá —respondo al borde de un estornudo. La mujer que vende artesanías en la esquina me mira con una indiferencia que roza el desprecio y siento que la base de cinta adhesiva empieza a resbalar. Le saco la mochila a mi segundo padre y la abrazo para sostener los dólares.

—Eso es el aire acondicionado. Desde que en casa usamos ventiladores, mi madre no se volvió a resfriar.

—¿Qué hacen esos pibes?

Mi segundo padre mira hacia la zona de lapachos donde un grupo de lavacoches y trapitos forman un círculo y corean a dos que están en el centro. Yo ni siquiera había registrado que estaban ahí. Un par de años en Buenos Aires son suficientes para desarrollar un radar callejero que diferencia las amenazas reales de los movimientos bruscos pero inofensivos. Es una destreza nueva que me llena de orgullo. Mi primer paso hacia la vida adulta consistió en perder la mirada pueblerina, siempre cóncava y asombrada, y desarrollar la «viveza criolla» de la Capital, esa mezcla de ingenio y velocidad que hace sentir tan modernos a los porteños. Los pibes deben de tener doce o catorce años. Están juntos y son eternos porque ese círculo es lo único que existe para ellos en este momento. Se miden con las cabezas echadas hacia atrás y las sonrisas de matón de cine, como si la valentía no se calibrara tanto en el ejercicio o la resistencia a la violencia, sino mucho antes. Esa energía ya moldea sus cuerpos, los vuelve atractivos y un poco falsos.

—Juegan, no están haciendo nada.

—Con esos nunca se sabe —dice mi segundo padre y rápidamente me recuerdo que no tiene sentido detenerme en el pronombre «esos».

—¿Vieron que encontraron a uno de los canoeros?

—¿Qué canoeros?

—Llevaban días buscando a dos tipos que habían desaparecido en el cruce entre Corpus y Bella Vista. Esta mañana encontraron a uno ahogado, enganchado en el camalotal.

La realidad es una puja de distintos planos como placas tectónicas que presionan y se superponen en el pensamiento. Ahora, en mi cabeza, veo la imagen de los dólares sobre la mesa del banco y el cuerpo de un hombre ahogado, enredado en los nenúfares del Paraná. Los canoeros transportan mercancías entre Brasil, Argentina y Paraguay. Celulares, copias de películas, electrónica barata, a veces droga. Forman, junto a las paseras, el proletariado de las mafias de tráfico, pero están solos frente a los caprichos del clima, las dificultades del terreno, las plagas del monte. A diferencia de los jornaleros en las plantaciones de té o las cosechas de yerba, los canoeros y las paseras a veces se quedan con algunos productos que venden más tarde para sacar una diferencia. La voluntad de supervivencia adopta estas formas en Misiones, flexibles y singulares como los miles de enredaderas en los árboles. No son una realidad paralela, sino que forman parte de mí y presionan por imponerse a los gestos de esnobismo urbano y ansia de mundo. No son un lastre. Son un detector de mentiras. Un juez imprudente. Una garantía de regreso al hogar.

El trapito que estaba en el centro del círculo le arroja el agua del balde a uno de los lavacoches y empiezan los empujones, las risotadas forzosas. Los transeúntes apuran el paso pero mi segundo padre avanza un par de metros como si acercarse fuera una manera de adelantarse a los hechos.

—¿Todo bien? —me pregunta Carlitos.

—Sí. ¿Por?

—Porque estás toda transpirada y abrazando tu mochila como una loca.

Otro baldazo y el griterío ya no suena a risas. Un par de trapitos salen corriendo hacia el centro de la plaza y se esconden detrás del Monumento a la Libertad, una columna blanca en cuya cima una mujer carga sin descanso la bandera y el escudo nacional.

—Capaz estoy loca.

—Ay nena, qué dramática… —dice Carlitos y aspira la colilla con tedio.

Aflojo los brazos, dejo que la mochila se escurra y quede colgando en una mano. Mi segundo padre sigue de espaldas, vulnerable y digno en su camisa amarilla. Me levanto la remera para que Carlitos pueda ver los fajos envueltos en las bolsitas transparentes. Lo hago sin pensar, siguiendo una vieja sensación que no alcanza a formular una idea, y que se reactiva cada vez que regreso a Posadas: las ganas de hacer algo sólo porque sí, por aburrimiento. El amigo de mis padres alza las cejas, pero no parece sentir sorpresa sino apenas reproducir el gesto vacío, la teatralidad de la sorpresa. Repasa lentamente la superficie de los fajos y nuestras miradas se encuentran de nuevo, pero detrás los pensamientos no coinciden.

Bajo las manos y vuelvo a abrazar la mochila, esta vez con más fuerza. Una deja de hacer el ridículo en el instante en el que es consciente de su propia soledad.

—Me voy, que me están esperando —dice Carlitos, pisa la colilla que estaba fumando y se acerca a mi segundo padre.

Se despiden con el típico abrazo masculino de tres golpecitos en la espalda. Yo lo beso rápido, sin mirarlo a los ojos.

—Vamos, el coche está a tres cuadras.

Caminamos hacia la esquina. El griterío entre lavacoches y trapitos se intensifica. Siento que una flecha de neón me apunta a la cabeza, una sensación casi adolescente de que alguien, desde algún lugar, me está observando. Nos detenemos frente al semáforo en rojo y repaso las vidrieras de enfrente. La óptica con su cartel de los años setenta. El estudio fotográfico con el mismo retrato descolorido del bebé sonriente desde que tengo memoria. El centro de Posadas sigue teniendo un aspecto de paso, pobretón, como si nadie se tomara demasiado en serio su importancia. El semáforo cambia. Mi segundo padre me busca con la mirada. Me sujeta del codo y me empuja suavemente. Tenemos que seguir. Tenemos que enfrentar juntos lo que viene a continuación.

DOS

Conviene tener siempre un pasado a disposición, un relato habitable y más o menos vanidoso de la propia historia que ayude a sostener la voz para decir, en el instante propicio, *ahora*. Toca entonces contar el origen de esos dólares. No las peripecias de mi madre y mi segundo padre como ahorristas —los esfuerzos y renuncias de cualquier clase media— sino lo que esos dólares condensaban como promesa de valor. Porque ahorrar es vivir ya en otro tiempo. Es ubicar la zanahoria delante y alinear las decisiones cotidianas para llegar a un espejismo que se encuentra siempre un poco más allá. La tranquilidad no está en el futuro, sino en el presente que se ordena porque el ahorro moldea la imaginación. Delimita el tamaño de los futuros posibles, recorta las fantasías íntimas para que se conviertan en imágenes realizables: escenas en las que somos más libres, más generosos, estamos más sanos o vivimos en una casa que podemos pagar. La historia del ahorro, por lo tanto, es una posible historia de la fantasía humana. O, más precisamente, de la fantasía familiar. Después de todo, sólo se puede ahorrar cuando existe una comunidad cerrada que genera valor y lo mantiene en una cadena de pequeñas sucesiones a través del tiempo.

El pasado de aquellos dólares arranca entonces en 1995, el año en que Natalia vino a vivir a casa. Antes éramos sólo Carla y yo, Carla y Belén. La gente hablaba de nosotras como de un tándem, *Carlaybelén*, dando por descontado que ser hijas del mismo padre y madre configuraba un amor abstracto, una relación fraternal al margen de la voluntad. Como toda hermana mayor, Carla se movía en la familia dando por descontado su lugar. No era humilde y jamás estaba pendiente de lo que hacíamos o decíamos las demás. Tenía una vida propia, o al menos eso nos hacía creer, y su mayor virtud era no necesitar a nadie. El pelo lacio a la altura de los hombros le daba un rictus severo que contrastaba con su modo de vestir, siempre improvisado. Los músculos eran firmes en las piernas y flácidos en el resto del cuerpo, pero Carla tenía algo más difícil de imitar que la belleza: era interesante. Se daba cuenta de que estaba mal que tuviéramos que esperar casi una hora el único colectivo que pasaba por el barrio; que Mabel, la empleada doméstica, tuviera una única noche libre a la semana o que en las publicidades de toallitas femeninas las chicas llevaran siempre ropa blanca y tuvieran vergüenza frente a los chicos. También se daba cuenta de que ahorrando la poquísima plata que le daba mi madre jamás le iba a alcanzar para comprarse los vaqueros que deseaba, y amenazaba con pedirle trabajo a una de nuestras tías. Mi madre le decía que hasta que no terminara el colegio no podía trabajar, y Carla le contestaba que cualquier otra madre estaría agradecida de que su hija quisiera buscar trabajo. Era injusto, muy injusto —y esto le daba pie para mostrarse de nuevo indignada—. Cada vez que conseguía convencer a los demás de que otras realidades eran posibles, Carla sentía intensamente su propia importancia.

Natalia era la hija de mi segundo padre. En febrero de aquel año, cuando cumplió nueve, la consultora en la que trabajaba su madre le propuso un traslado a Córdoba. Tras algunas semanas de angustia —en las que mi segundo padre hablaba muy poco y tomaba tres pastillas de valeriana por día— Natalia por fin bajó las escaleras y anunció, con toda la solemnidad de sus nueve años, que prefería quedarse en Posadas, es decir, en nuestra casa con su padre y con nosotras. Nunca, ni antes ni después, vi a mi segundo padre tan contento como el domingo en el que Natalia desembarcó con las valijas llenas de ropa de marca y la inevitable rigidez de la novedad.

Mi madre y mi segundo padre habían empezado a salir cuando Natalia tenía seis años, las paletas separadas, y los brazos y piernas desproporcionadamente largos. Venía a casa los fines de semana, con su mochilita repleta de cosas «por las dudas» (como si en nuestra casa pudieran faltar toallas o dentífrico). Tardaba un buen rato en animarse a dejarla en la pieza. Mi madre se burlaba de la mochila que armaba la primera mujer de su marido, pero jamás delante de la niña. En esa época —que alguien podría considerar el estreno familiar, porque también las familias empiezan en el momento exacto en que alguien dice *ahora*— mi segundo padre se esforzaba por mencionar a Natalia cuando no estaba, y también por demostrar que para él no había diferencias entre las hijas de su mujer y su hija.

Cuando Natalia venía de visita los fines de semana, yo no podía evitar burlarme un poco de ella. Me irritaba su inocencia, su pudor para desvestirse delante de nosotras, y sentía unos celos imprecisos por las cosas que Natalia tenía o sabía que iba a tener en el futuro. Pero a medida que fue pasando el tiempo descubrí que también tenía problemas con su madre —esa mujer elegante a la que mi segundo padre llamaba invariablemente «mi ex»— y entendí por qué a veces trataba mal a su padre, al que yo llamaba por su nombre y ella, por supuesto, «papá». Frente a las burlas, Natalia jamás era hiriente. Se defendía un poco o me ignoraba, pero nunca me atacaba. A diferencia de mí y de mi hermana, en Natalia no había maldad, sino privilegios. No la obligaban a barrer después de las comidas ni a limpiar su pieza los domingos, y la llevaban en coche a todos lados mientras que a nosotras nos hacían tomar el colectivo. Si quería unas zapatillas o un juguete nuevo, Natalia no tenía que ahorrar. Le alcanzaba con hacer buena letra unos días y si mi segundo padre no daba el brazo a torcer, el fin de semana siguiente el juguete aparecía porque se lo había comprado su madre.

El domingo que Natalia se mudó definitivamente a casa, mi madre hizo su mejor carne al horno y cuando estábamos todas sentadas a la mesa, mi segundo padre no pudo evitar su tendencia al énfasis y propuso un brindis:

—¡Por Natalia! —dijo alzando la copa de vino.

—Por Natalia, ¡para que ayude a limpiar! —contesté.

Carla me gritó al instante que era una boluda y mi madre le dijo a Carla que no hablara así en la mesa. Por debajo, sonó la voz de Natalia:

—Gracias.

Le llevó tiempo hacerse un lugar. Estaba tan acostumbrada a que todo el mundo la escuchara que uno de sus primeros desafíos en casa fue subir el tono de voz, encontrar uno más potente y rápido, usar frases cortas que retuvieran nuestro interés y se impusieran a las voces de los demás. Hubo escenas de orgullo herido, algún que otro portazo y el descubrimiento de esa nueva soledad que suponía convertirse en hija única entre dos hermanas. Por eso, cada vez que estaba sola con mi madre, con alguna de nosotras o con su padre —cada vez que tenía una conversación de a dos— Natalia recuperaba su tono bajo y sin titubeos, la tranquilidad de saber que tenía por delante un futuro en el que era querida, y sentía intensamente su propia importancia.

En 1995, las hijas sabíamos que mi madre y mi segundo padre tenían ahorros y que el terreno de la casa podía ser valioso en un futuro lejano. Lo sabíamos de esa forma distraída pero consciente en que los hijos asumen la vida de sus padres. A veces los escuchábamos hablar de dinero y aunque era algo de ellos, sin duda formaba parte de nuestra privacidad. Privados eran también los sentimientos que se disimulaban después de discutir con un novio o con mi madre. Privadas eran las cartas que les hacíamos a nuestras amigas. Privado era lo que no queríamos contar. La desnudez no formaba parte de la privacidad. Natalia tuvo que hacer un gran esfuerzo para perder su pudor y cambiarse delante de nosotras.

El calor, el tráfico constante de ropa entre los armarios de las hijas y de la madre, y las puertas de las habitaciones que no cerraban por culpa de la humedad favorecían una impudicia de la que nos sentíamos casi orgullosas. Nos daba más pudor tener un gesto de ternura que mostrar la mancha roja de una menstruación mal gestionada.

Con la llegada de Natalia, hubo una reorganización de las habitaciones. Carla empezó a dormir sola en la pieza estrecha que tenía una ventana al patio, desde la que se veían el lavadero y el taller de mi segundo padre. Natalia y yo nos instalamos en la habitación más grande, con dos ventanas que daban al lateral de la casa y una mesa larga a modo de escritorio. Desde ahí veíamos el patio de los vecinos cuya hija se había suicidado y, detrás, el Paraná: cinco kilómetros de orilla a orilla y miles de toneladas de agua marrón desplazándose lentamente hacia la izquierda. Tardé un poco en habituarme a compartir el cuarto con Natalia. De modo tácito establecimos una línea que dividía el espacio en dos regiones claramente distinguibles por el tipo de objetos y el orden o desorden de cada una. Pero un par de meses más tarde empecé a tener problemas para conciliar el sueño. No encontraba la posición cómoda, tenía calor, las sábanas me raspaban la piel. La etapa de insomnio duró un par de semanas en las que me pasaba las primeras horas de la noche concentrada en la vida de mis amigas, buscando maneras de cruzarme con el chico que me gustaba y anticipándome a los ronquidos de Natalia, respiraciones secas y uniformes que sonaban monstruosas justamente porque salían de un cuerpo muy pequeño. Una de mis fantasías recurrentes durante aquellas noches consistía en imaginar que alguien entraba a la casa y merodeaba por el piso de abajo. Yo seguía mentalmente los pasos, el sonido de los cajones que se abrían y la torpeza de algún golpe en la oscuridad, y hasta imaginaba que me escabullía de la cama con movimientos lentos para no despertar a nadie, bajaba las escaleras en puntas de pie y desde el último escalón pronunciaba alguna frase recia que atemorizaba al intruso y por fin se iba. Así salvaba a mi familia una y otra vez. Pero ¿de qué los salvaba en realidad? ¿De la violencia? No. Tardé años en darme cuenta de que en mi fantasía jamás había golpes ni gritos. De lo que nos salvaba era de una violación a la propiedad. Aunque la palabra «violación» es un poco fuerte. Hace pensar en penetración y dolor cuando en realidad era todo lo contrario, un vaciado, apenas una extirpación de objetos que habitaban la casa. La fantasía funcionaba como una restauración: hacía falta un ladrón para que existiera una heroína. Eso le pedía yo a la casa, incluso al ladrón: una conciencia íntima, una personalidad.

Con la llegada de Natalia también nacieron nuevas costumbres. Empezamos a bajar al río a investigar, a ver los cadáveres de animales en la orilla, las piezas de metal herrumbradas, la ropa —mucha ropa (corpiños de bikinis, pantalones de obra, zapatos sin cordones, todo un armario sin cuerpos)—. Al principio sacábamos las cosas que bajaban con la corriente, pero poco a poco fuimos incorporando también la conciencia de lo que el río se podía llevar. A veces, cuando las tormentas duraban varios días, el Paraná se llevaba el muelle del club o un poste del alumbrado público que dejaba al barrio sin luz durante casi una semana. Cuando estaba sentada frente a la mesa larga de nuestra pieza, no me gustaba contemplar el río si no veía alguna lancha o embarcación abriendo grietas de espuma blanca en la superficie. Necesitaba referencias que humanizaran esa masa cerrada y nómade que cambiaba todo el tiempo y que hacía pensar en bagres de quince kilos deslizándose lúbricamente por el lecho.

Mi abuelo le había dejado a mi madre aquel terreno a las afueras de la ciudad, tres lotes con el cascarón de una construcción de dos plantas en el centro, sin portones ni cerco, pero con varios ejemplares de chivato, ombú y jacarandá plantados en el jardín. El único que había sobrevivido era un ombú que con los años había crecido hasta convertirse en el orgulloso corazón del patio. Las grietas de la corteza formaban unas estrías verticales perfectas, como si el árbol jamás hubiese dudado de su destino. Las ramas se alejaban firmes y proyectaban una sombra esférica sobre las baldosas. Muchos años antes, debajo de aquella sombra, mi madre nos había anunciado a Carla y a mí que nos íbamos a mudar las tres solas a esa casa. Su sueldo no alcanzaba para pagar el alquiler, los colegios, la ropa, la vida misma, así que había decidido que primero nos mudábamos y después terminábamos la casa. Mi madre vivía la escasez de dinero sin dramatismo, con la paciencia de quien sabe que tiene que hacer concesiones para alcanzar la totalidad. Ni bien nos instalamos, contrató a un grupo de albañiles que pusieron las rejas, los pisos, las griferías en las bocas abiertas de los caños, pero apenas terminaban de revocar las paredes del patio, las raíces perforaban los tubos del desagüe y había que cambiar las baldosas y volver a pintar.

Mi madre detestaba la casa. Mi madre amaba la casa. Mi madre le tenía más paciencia a la casa que a nosotras. Cuando mi segundo padre se mudó, puso dinero y todo el empeño de sus cuatro años de estudiante de arquitectura en la casa, y las obras ganaron en velocidad y calidad. Los materiales pasaron a ser un tema habitual de conversación, igual que la vida de los obreros, plomeros, pintores o electricistas, todos hombres con nombre y apellido de los que, en el fondo, había que desconfiar un poco porque pasaban demasiadas horas dentro de la casa y tenían información.

El año en que Natalia vino a vivir con nosotras, todavía seguían los «arreglos», pero ya eran más sectorizados o decorativos, como pintar la cocina o mejorar la potencia del agua en las duchas. Los hombres que venían a trabajar usaban remeras de partidos políticos, no tanto por hacer publicidad como por llevar prendas que podían destruir sin preocuparse. Faltaba poco para las elecciones municipales y por primera vez un candidato se había animado a hacer campaña en nuestro barrio. Entre la casa de los vecinos cuya hija se había suicidado y la orilla del río se extendía una franja de ranchos levantados con tablones de pino y techos con distintos tipos de chapa, en las que jamás se habían visto banderas argentinas ni afiches radicales o peronistas. La política era una nube lejana y reiterativa que se desplazaba al margen —por encima o al costado, pero jamás dentro de la vida cotidiana del barrio—.

Fue Carla la que nos avisó. Se paró junto a la tele, y con el desgano del que repite una noticia vieja, nos contó que un grupito de militantes había limpiado el terreno baldío de la esquina, había instalado parlantes y había colgado telas blancas con el apellido del candidato escrito en letras gordas. Dos horas más tarde, apareció una van de la que desembarcó una tropa de peluqueros y dentistas con batas. Cada peluquero tenía enfrente una sillita de plástico en la que iban sentando por turnos a los niños y a las madres del barrio, para hacerles un tratamiento contra la pediculosis. Los dentistas no revisaban los dientes, pero repartían bolsitas con cepillos, dentífrico y fotocopias con instrucciones para la salud bucal. Al atardecer, cuando por fin llegó el candidato, la pequeña multitud se había acostumbrado al nuevo uso del terreno baldío y lo saludaron como si lo conocieran desde siempre. Mi madre no nos dejó ir. Tuvimos que seguir la campaña desde la ventana de la pieza de Carla. El candidato era flaco y brillaba por la transpiración. Cuando levantaba los brazos desde la tarima improvisada para arengar a los vecinos, las aureolas en las axilas eran tan espesas que era imposible mirar hacia otro lado. Traía un mensaje muy claro: con él se iba a acabar la droga en el barrio.

Nadie lo negaba, nadie sentía que se tuviera que disimular. A veces, mientras esperaba el colectivo de pie en esa misma esquina, aparecían autos de marcas japonesas con las ventanillas polarizadas que se acercaban raspando el guardabarros contra las piedras, se detenían frente a una casa y tocaban la bocina, pero no bajaban. Algún vecino que también esperaba en la parada del colectivo decía entonces:

—Otro que viene por droga.

Nadie lo negaba ni sentía que tuviera que disimular porque a diferencia de lo que había dicho el candidato, la droga no estaba en el barrio, sino que pasaba por ahí. A los padres de mis amigas se les notaba el recelo cuando dejaban a sus hijas en casa, un miedo apenas disimulado con una sonrisa rápida, y el recelo se trasladaba a su vez a las chicas, que bajaban corriendo del coche y entraban a casa sin mirar al costado. Crecer en una de las únicas tres casas de ladrillos del barrio acabó generando una especie de cautela en Carla, en Natalia y en mí; una actitud desconfiada ante los extremos que no nos permitía idealizar la pobreza, pero tampoco repetir el discurso de las clases medias y altas tradicionales que la tildaban de holgazana, «no quieren laburar». Unos años más tarde, en una clase de sociología en la Universidad de Buenos Aires me iba a enterar de que en mi barrio no había pobreza sino «indigencia». Pero los ejemplos que iban a usar los profesores eran de una miseria urbana en la que la marginalidad conocía las internas políticas, los movimientos sociales y la televisión por cable. ¿Cómo había que llamar entonces a la periferia de una provincia en los noventa? Para hablar de la pobreza del norte, para diferenciarla de la porteña, había que usar demasiadas palabras. Era una verdad narrativa. Terrible, sí, pero en el sentido en que es terrible el sufrimiento de Pinocho.

Por eso en aquel barrio, en 1995, no era extraño que en la casa hubiera un revólver. Carla y yo sabíamos que mi segundo padre lo guardaba al fondo del tercer cajón de la cómoda en el vestidor. La presencia del revólver estaba tan integrada a la familia que cuando nos mandaban a buscar algo ahí, no nos sorprendía tener que cambiarlo de lugar para sacar un par de medias. Pero Natalia todavía no lo había visto, así que más o menos por la época del insomnio, con una mezcla de excitación y revancha, le dije que le quería mostrar algo.

—¿Qué?

—Algo.

—Sí, ya te escuché, pero ¿qué?

—Algo.

La llevé hasta el vestidor y abrí el tercer cajón. Ahí, entre las medias hechas un bollito y el revólver, mi madre y mi segundo padre también guardaban un sobre de plástico con algunos dólares, sus primeros ahorros juntos. Entonces eran apenas el resto alegre de movimientos casi involuntarios: si mi segundo padre había vendido una camioneta y había sobrado algo de dinero, o si mi madre había cobrado el aguinaldo, pasaban los pesos a dólares y los «escondían» en el tercer cajón. Pero ni a Natalia ni a mí nos interesaban los billetes verdes.

—Mirá. —Y con orgullo le ofrecí el revólver, que ocupaba toda la extensión de mi mano abierta.

Lo que más me gustaba era su peso frío. No parecía un animalito muerto, como se dice a veces, sino más bien la condensación de una promesa, de algo que aceleraba un destino. Mi madre le tenía miedo. Siempre que podía contaba la anécdota de un chico que se había quedado rengo por un disparo accidental. Pero el revólver no era negociable. Mi segundo padre se limitaba a aclarar que para evitar accidentes lo guardaba siempre descargado —aunque la cajita con las balas estaba exactamente en el mismo lugar—.

Natalia lo miró seria. No era miedo. Era otra cosa.

—Dale, agarralo —insistí—. No tiene las balas.

Y entonces lo levantó en un movimiento único, decidido. Apuntó al fondo del armario y apretó el gatillo.

—¡Bam! —grité yo. Y las dos nos empezamos a reír como si nos hubiesen conectado a una corriente eléctrica.

En nuestra casa, la posibilidad de un robo no se explicaba tanto desde la moral del ladrón como desde la realidad en la que vivíamos. En este barrio, en esta ciudad, en este país, era obvio que tarde o temprano iba a pasar. Se notaba en el modo en que mi madre y mi segundo padre hablaban del coche al que le habían robado el estéreo o de la vecina que se había quedado sin cortacésped eléctrico. La culpa era del dueño que había dejado el coche afuera o de la vecina que creía que con un muro tan bajito no iban a entrar. Nos pasó casi un año más tarde, un jueves de verano. Yo estaba en la planta de abajo, en el cuarto de Mabel, una habitación rectangular en la que había una cama, un armario con espejo, un ventilador de pie y una radio clavada en la frecuencia de Radio Encarnacena —«FM 92.5: Tu radio especial»—.

Mabel tenía la piel blanca y gruesa, y vivía golpeándose contra las patas de las sillas o las esquinas de las mesas como si jamás se hubiese acostumbrado al volumen de su cuerpo. Uno de sus abuelos había migrado desde Minas Gerais, en Brasil, a la ciudad de Filadelfia, capital del departamento de Boquerón en Paraguay. Mabel hablaba portugués, guaraní y español, y le encantaba decir que había nacido en Filadelfia. En su pieza andaba siempre sin remera y con unos corpiños satinados que le dejaban las tetas cónicas y de movimientos suaves como postres glaseados.

—A lo Madonna... —decía yo.

—Igualitas... por eso las quiere todo el mundo —contestaba ella mirándoselas desde arriba. Cada vez que el orgullo se abría hacia adentro como una luz propia, Mabel soltaba algún comentario irónico y sentía intensamente su propia importancia.

Me gustaba pasar un rato en su habitación después de la cena. Me tiraba en la cama, movía el bulto de ropa para planchar y hacía lo único que Mabel me permitía hacer: ser su testigo, escucharla, decir las palabras justas que le permitieran continuar su monólogo interior.

—No ensucies la camisa del señor que después me retan a mí —me dijo sin apartar la mirada del espejito que tenía entre manos para depilarse las cejas.

Estaba exultante. La Radio Encarnacena transmitía en directo los preparativos para la Semana Colorada, siete días en los que el Partido Colorado (la mayor fuerza política de Paraguay) financiaba los festejos por el Día de los Héroes con conciertos al aire libre.

—¡Escuchá! —dijo de repente—. ¿Escuchaste?

—¿Qué?

—Alguien está silbando. —Se acercó a la ventana que daba al lavadero y apoyó la frente contra el vidrio. Entonces distinguí el chiflido claro y ascendente como la primera chicharra de la tarde—. Está cerquita, acá en el patio.

Y las dos apoyamos la frente en la ventana y nos cubrimos los ojos haciendo visera con las manos. Si afuera había un hombre debía estar viéndonos, la una junto a la otra, las caras planas contra el cristal. Mabel apagó la luz y la oscuridad le dio al lavadero el aire honesto de los espacios domésticos en reposo.

—¿Y las perras?

En casa sólo teníamos hembras porque se suponía que eran más protectoras que los machos. Tres o cuatro animales, casi siempre mestizos, que formaban una jauría indistinguible y renovable de ejemplares dóciles. Jamás supimos despertar su instinto guardián.

—¡Ahí va! ¡Ahí!

Una figura de espaldas salía de atrás de las sábanas colgadas en el tendedero. El terreno tenía forma de «L» y en la esquina más alejada mi segundo padre había instalado una caseta que llamaba «taller», en la que guardaba herramientas y electrodomésticos averiados. El taller era uno de los lugares más frescos de la casa. Olía a aceite de motor y moho, y cada tanto también a cadáver. No era raro levantar una caja y encontrar el cuerpo sin vida de una rata o una serpiente.

—¿Para qué va al taller?

Mabel tenía razón. No tenía ningún sentido que alguien nos espiara y después se metiera a revisar los trastos del taller. ¿Qué podía robar ahí? Subí las escaleras corriendo. Mi madre dormía hecha un ovillo de costado y mi segundo padre miraba un programa de humor político con el volumen bajo.

—Hay alguien en el patio. Estábamos en la pieza de Mabel y escuchamos que alguien nos silbaba. Parece que el tipo se metió en el taller.

—¿Cómo que les silbaba?

—¿Quién silbó? —preguntó mi madre, que en una milésima de segundo había pasado de la inconsciencia al máximo nivel de atención.

—Capaz es el de la esquina, señora. —Mabel estaba de pie en el pasillo. Había subido corriendo detrás de mí, pero no había querido entrar al cuarto—. El que salió hace poco del penal.

Mabel siempre sabía más de lo que me contaba y elegía el momento exacto en el que ofrecerle a mi madre su novedad. Ese modo de administrar información me enfurecía, como si todavía tuviera que protegerme de los temas de adultos.

—¿Qué pasa? —Carla apareció por el pasillo.

—Nos silbó un tipo.

—Shhhh... Que no se despierte Natalia.

Entonces sonó un estruendo en el fondo del patio. Mi segundo padre pasó corriendo al lado nuestro, en bermudas y descalzo, con el revólver en la mano derecha. El dedo índice, con una artrosis temprana, llenaba casi todo el hueco del gatillo.

—Quédense acá.

—¿Estás loco? ¿Qué hacés? —La voz de mi madre no había perdido autoridad, pero quedaba en un segundo plano.

—¡Esperen acá! —repitió él y empezó a bajar las escaleras, pero se detuvo de golpe en la mitad. Mi madre no llegó a frenar a tiempo y se chocaron.

—Es sólo para asustarlo.

—¿Y si está armado?

—Si hubiese querido robar de verdad, ya estaría adentro.

Mi madre se quedó callada. Era su manera de estar de acuerdo.

—Traeme las balas —dijo mi segundo padre. Y cuando ella regresó, se escuchó el sonido hidráulico del mecanismo del tambor y el «clic» de la aguja percutora cuando se apoya en la única de las seis recámaras que se deja vacía por seguridad.

—¿No ladraron las perras? —preguntó mi segundo padre camino a la cocina.

—Seguro les tiró algo —contestó Mabel.

Mi madre encendió las luces del patio. Mi segundo padre salió y caminó lentamente hacia el taller como un Neil Armstrong en el jardín.

—¡¿Quién anda ahí?! —dijo con una voz tan teatral que me dio vergüenza—. ¡Ya llamamos a la policía! —Y se detuvo en el centro del patio, junto a las raíces del ombú, poderosas como brazos hundidos en la tierra.

Mi madre salió corriendo hacia el teléfono. Carla, Mabel y yo nos quedamos en la cocina contemplando la espalda desnuda, el brazo derecho flexionado y el revólver apuntando hacia arriba.

—¡Rajá carajo! —gritó con toda la potencia de su voz, pero sonó tan porteño que automáticamente imaginé a un hombre agazapado en el taller, riéndose con la boca llena de dientes en la oscuridad. Entonces sonó el disparo. Carla, Mabel y yo nos quedamos petrificadas, como queriendo llegar a los extremos del campo sonoro para ver si a continuación sonaba el golpe seco de un peso que cae. Pero lo que escuchamos fue exactamente lo contrario. En lugar de un derrumbe, el ascenso histérico de decenas de gorriones que alzaron vuelo desde las ramas del ombú con un aleteo histérico, desordenado, golpeándose entre sí y rozando las hojas en una estampida sin destino.

—Que alguien vaya a ver a Natalia —ordenó mi madre y se alejó corriendo.

Subí a mi cuarto y en la penumbra reconocí el cuerpo inmóvil en la camita de una plaza. Parecía increíble que durante las últimas horas se hubiera desarrollado ahí una noche cualquiera. Natalia ni siquiera había dejado de roncar.

Al principio el agujero de la bala parecía un ojal en la corteza del ombú. Con Carla intentamos quitarla, primero con un destornillador y después con un alicate. Forcejeamos en la carne leñosa de la raíz, pero no lo conseguimos y a nadie se le ocurrió imaginar que por aquel agujerito iban a entrar arañas que transportaban la cepa de un hongo mortal. La humedad de abril fue solidaria con el proceso, generó las condiciones perfectas para que el hongo se propagara con la incorruptible eficacia de los parásitos. En menos de un mes colonizó el tejido interior del tronco, que no era de madera porque el ombú no es un árbol. De eso nos enteramos entonces, el ombú es «una planta gigante de porte arbóreo». Una tarde Natalia se metió en la oquedad de las raíces buscando a una de las perras y salió gritando que el ombú estaba podrido. Sentada frente a la tele, le contesté que lo decía para llamar la atención, pero igual me acerqué, más por aburrimiento que por curiosidad. Ni bien metí la cabeza en el hueco me golpeó un olor ácido, como el de los jarrones cuando las flores se ponen viejas, que me obligó a rascarme nerviosamente la cabeza.

—¡Qué asco! ¡Qué asco!

—¡Mirá! —Natalia pisó una de las raíces con la punta del pie. Por fuera la corteza se veía igual que siempre, pero la suela de la zapatilla se hundió como si pisara una barra de pan mojado.

—Va a morir —diagnosticó mi segundo padre cuando se levantó de la siesta. Se había duchado y se había recortado la barba.

—Tenemos que hablar con alguien. Un ingeniero forestal, un jardinero, alguien... —se desesperó mi madre, pero mi segundo padre tenía razón.

El ombú iba a morir por más que un técnico extirpara la zona afectada en la raíz y echara un polvo fungicida. El ombú iba a morir a pesar de que en los días posteriores a las curaciones afloraran unos brotecitos blancos como débiles manifestaciones de recuperación. A la semana los brotes se secaron, se desprendieron y fue un carnaval para las hormigas. Cuando dejaron de salir hojas nuevas, las viejas se oscurecieron. El ombú se puso de un verde lóbrego, ensimismado, verde inglés. Hasta que por fin cayeron. Entonces se fueron los gorriones y el árbol se quedó en silencio. El tronco aguantó un tiempo más de pie en el centro del patio, como un monje sin prestigio. Desde la cocina se podía ver ahora una porción nueva de cielo, la ropa se secaba más rápido y las perras, sin sombra, pasaban más tiempo tiradas contra la pared del taller. Finalmente una tormenta venció la entereza del tronco y el árbol empezó a oscilar.

—Hay que sacrificarlo, es peligroso.

Mi segundo padre llamó al correntino que hacía los arreglos de la casa y le pidió que viniera con uno de sus sobrinos. Dos días más tarde, Mabel me gritó desde la cocina.

—Me da lástima la señora. —Y señaló con la cabeza hacia el patio.

Mi madre estaba abrazada al ombú. Por un instante sentí la tentación de aceptar que estaba loca. Se había parado encima de la única raíz que seguía firme y trataba de rodear la circunferencia del tronco con los brazos, pero las manos no llegaban a encontrarse. Tenía una mejilla apoyada en la corteza y los ojos cerrados. Proyectaba una sensación ancha de paz, como todos los locos cuando están serenos.

—¿Qué estás haciendo?

—Me despido.

El ombú no se cayó. Ni siquiera hubo que tirarlo. El correntino encontró la solución perfecta para evitar que se derrumbara encima del muro del taller. Consiguió prestada una motosierra y fue cortando el tronco —todavía de pie— en leños gruesos. Empezó por las ramas desnudas y fue bajando hasta que apenas quedó la base plana de las raíces hundidas. Nadie sabía qué hacer con los leños. Cuando llegó diciembre, eran una pila de troncos amontonados contra el muro de los vecinos cuya hija se había suicidado. Ya ni siquiera olía mal.

Natalia fue la primera en darse cuenta de que los restos del ombú formaban una escalera.

—¿Cómo se llamaba?

—¿Quién?

—La hija que se suicidó.

Carla tardaba en contestar, como si no recordara el nombre:

—Victoria, creo.

En realidad, todo el mundo pasaba en puntas de pie por ese nombre. La casa de los vecinos se había convertido en el estacionamiento del barrio, y los que vivían más cerca habían construido una capilla de madera al fondo del jardín, pero nadie se había atrevido a entrar a la casa jamás. Victoria, la hija mayor, se había pegado un tiro un martes a la mañana, sin intentos fallidos ni escándalos. Una única bala que no la mató de inmediato, pero la dejó inconsciente. Los padres insistieron en que, desde el disparo, «dejó de sentir». Yo tenía doce años, pero recordaba muy bien que mi segundo padre nos había ido a buscar a la escuela y nos había dicho que Victoria había tenido un accidente.

—¿Qué le pasó?

—Se resbaló en la bañera.

«Se resbaló en la bañera» era algo que podíamos entender. Las casas estaban llenas de clavos salidos, ventanas rajadas, escalones húmedos. Pero ese día, a medida que nos acercábamos, empezamos a ver coches raros, uno de la policía, una ambulancia, una camioneta de la radio. Era extraño que mi madre estuviera en casa a esa hora y más que nos abrazara así.

—¿Y Martín? —preguntó Carla.

—Va a pasar unos días en lo de su abuela.

Antes del episodio, a veces jugábamos con el hijo menor de los vecinos. Martín nos gritaba desde el balcón que fuéramos a la pileta y jamás decíamos que no. Cuando se cansaba de estar afuera, traía juegos de mesa con nombres extranjeros y nos enseñaba las reglas. Victoria nos llevaba demasiados años como para interesarse en nosotras, pero nosotras vivíamos atentas a la ropa que se ponía, a las uñas pintadas, a las conversaciones con sus amigas mientras tomaban el sol y nos decían que no las salpicáramos. Victoria era hermosa y nosotras veíamos en su belleza la hiperconcentración de la Verdad. A veces Carla o yo nos quedábamos embobadas contemplándola mientras hablaba por teléfono o se hacía rulitos con el dedo echada en la hamaca paraguaya, y Martín nos despertaba de un pelotazo en el hombro.

—¡Eh! ¿Vas a jugar o qué?

El martes en que Victoria se suicidó, mi madre se sentó con nosotras a la mesa, pero no comió. Y cuando terminamos, nos llevó a su cuarto, cerró las cortinas, le dio a Carla el control remoto de la tele y nos trajo el chocolate Nestlé que guardaba en el vestidor. Unos meses más tarde los vecinos se mudaron a un departamento en el centro. Para nosotras eso era lo más parecido a un ascenso social.

Pero en 1995, Natalia no sabía nada de todo eso. Nos preguntaba a nosotras, que actuábamos como si no quisiéramos contarle, aunque en realidad tampoco lo teníamos muy claro. Así que le preguntó a mi madre y a mi segundo padre cómo se había matado la hija de la casa abandonada. Le explicaron que estaba deprimida y en un momento de locura había hecho una tontería. Natalia preguntó si habían visto el cadáver, si se había disparado en la cabeza o en el corazón, si se había matado por algún novio, pero mi madre y mi segundo padre se pusieron solemnes y contestaron que no tenían idea, que en esos momentos no se hacen ese tipo de preguntas. Se les notaba el miedo. El suicidio de una adolescente funcionaba como un punto ciego, un imán.

Y esa era exactamente la fuerza que empujaba a Natalia a trepar —entre fascinada y temerosa— los troncos del ombú amontonados contra el muro. Hasta que una siesta Carla se decidió a entrar.

—¿Cuándo?

—Ahora.

—¿Ahora? ¿Así nomás?

—Así.

Trepó por los troncos y saltó el muro. Quedó de pie en el balcón del segundo piso de la casa abandonada.

—¡Dale, subí! —Y Natalia empezó a trepar con la cautela de quien todavía no puede creer el deseo concedido.

Yo las estaba siguiendo desde la ventana de la habitación. Bajé las escaleras corriendo y salí al patio. El calor de la siesta no me parecía entonces una opresión. El sol evaporaba la humedad, que volvía a concentrarse en las paredes. Subí por los troncos, salté y me prendí al muro, pero no llegué a agarrarme del todo bien y me pelé las rodillas, dos raspones que dejaron al descubierto una sangre menos espesa de lo que esperaba. El balcón de los vecinos era un pasillo angosto y repleto de hojas, papeles de diario y basura que se había ido acumulando durante años.

Las persianas de los ventanales del frente estaban rotas y se inclinaban hacia un lado como párpados caídos. Forcejeamos un buen rato, pero no conseguimos levantarlas.

—Hay que destrabar el rollo —sentenció Carla—. Traigan algún palo.

—Voy a buscar la escoba.

Volví a bajar a nuestro patio, demasiado excitada como para esperar a que lo hiciera Natalia. Forcejeamos haciendo palanca para destrabar el mecanismo de la cortina, pero el palo de la escoba se partió y sentí esa bronca ciega que crece cuando una estupidez minúscula entorpece algo destinado a ser grande.

Al final conseguimos levantar una esquina de la otra persiana, apenas lo suficiente para destrabar el ventanal y escurrirnos por debajo. Pasó Carla, después Natalia y, por último, yo. Cuando mis ojos se acostumbraron a la penumbra, reconocí la vieja habitación celeste, ya sin muebles y sembrada de cadáveres de grillos y cucarachas secas. Era un poco decepcionante. Faltaba el glamur del dramatismo, unas ruinas misteriosas que no hubiera visto nadie.

—Me voy —dijo Carla, que seguro había pensado lo mismo que yo, pero había dado un paso más, porque era una de esas personas que ven lo que la realidad debería ser, y sienten un gran desprecio por lo que la realidad es.

—¿No vas a ver el baño?

—No me quiero ensuciar la camisa.

—Y sacátela... —le contestó Natalia.

Me fascinaban esas respuestas directas de Natalia, esa rotundidad que obedecía a una lógica corta e indestructible.

—¿Qué será de Martín? —pregunté porque recién en ese momento me di cuenta de que él también había sido alguien en nuestras vidas—. En esta pieza nos enseñó a jugar al Monopoly y al Pictionary.

—Va al Industrial —contestó Carla. Se había sacado la camisa y la llevaba doblada en el antebrazo. El botón de los vaqueros le llegaba al ombligo, a pocos centímetros del corpiño blanco de algodón—. A veces no me saluda cuando nos cruzamos en el centro.

Salimos al pasillo. ¿Hacía cuánto que nadie caminaba por ahí? Durante años, la luz había entrado cada día dibujando los mismos trazos perpendiculares; los insectos habían nacido, se habían reproducido y seguían muriéndose en una cadena infinita al margen del mundo; el polvo había encerado las superficies con la humedad y la casa entera, en su incontestable materialidad, había mantenido un ecosistema perfecto sin que nadie fuera testigo de semejante hazaña. A los lados del pasillo había dos puertas abiertas, y al fondo una tercera cerrada. Esa tenía que ser la del baño. Me acerqué a la habitación de la izquierda. Había un único mueble contra la pared, una mesita de fórmica marrón.

—¡Acá hay ropa! —gritó Natalia eufórica desde la habitación de enfrente.

Había llegado primero y había levantado la única persiana que funcionaba bien. El torrente del sol de la siesta encendió la espesura de miles de motas de polvo que flotaban inmunes. No había cama ni mesa, sólo un placar repleto de ropa intacta. Carla había deslizado uno de los paneles corredizos cubierto por un espejo y, durante un instante, las tres observamos en silencio la naturaleza muerta de un montón de prendas inmóviles desde hacía años ahí.

—Qué impresión —dije y empecé a rascarme el cuero cabelludo.

Las camisas y los vestidos de colores colgaban con una rigidez seca. Un olor rancio, como a papel mojado, recordaba que las ratas y las cucarachas habían comido y parido ahí adentro, que los hongos se habían extendido por las columnas torcidas de los suéteres y las remeras sin doblar. En la parte de abajo, entre las cajas de cartón, había un par de zapatillas blancas de gimnasia, cada una atesoraba una media abollada en el hueco en el que antes había entrado un pie. En el estante encima de la cajonera, un ejército de frascos de perfumes, maquillaje y *souvenirs* de fiestas estaban unidos por la delgada red que habían formado viejas telas de araña, ya pesadas por el polvo. Recordé la belleza de Victoria —su pelo ondulado, sus uñas perfectas— y traté de imaginarla eligiendo alguno de esos frascos. En el centro del estante, destacándose igual que un edificio modernista en medio de una ciudad pobre, una hoja tallada en vidrio con la palabra «Kenzo». Seguro dentro de los cajones todavía estaban guardadas las gloriosas bikinis de Victoria. No me impresionó tanto ver su ropa hueca como la permanencia del orden que ella le había dado. Cada objeto seguía dispuesto con la misma jerarquía o improvisación que le había asignado para sí misma antes de morir, en un gesto muy privado de intimidad. Era lógico que nadie en la familia se hubiera animado a tocar aquello y también que no lo hubieran querido regalar. Se habían ido a toda prisa, habían huido del lugar en el que su hija se había quitado la vida y habían dejado intactas sus pertenencias porque, dispuestas exactamente así, estaban obligadas a recordarla. Regalarlas habría sido una deslealtad, un modo de matarla de nuevo. Años más tarde, era imposible no imaginar que aquel frasco de Kenzo y aquellas medias blancas habían percibido la vibración del disparo y habían permanecido cruelmente igual.

—¿Me lo llevo? —Natalia se había puesto un sombrero de paja mexicano.

—Sí, por qué no —dije tratando de aparentar naturalidad.

Saqué una percha con camisas y debajo, uno de esos vestidos a lunares amarillos que en los noventa llamaban «bobito». Carla lo sacudió en la ventana y se lo puso encima del vaquero. Le quedaba perfecto, contenía sus zonas pulposas y le devolvía el aire casual de cualquier adolescente que se prueba ropa imaginando escenas posibles. Era raro verla así, tan liviana. Después descolgó un guardapolvo y se lo puso encima.

Natalia agarró unas sandalias plateadas de taco alto y se unió a Carla frente al espejo. Tenía las piernas tostadas y en los hombros se notaba la franja blanca de los breteles de la malla. Una nena hermosa jugando a ser adolescente. Ponía rígidos los brazos para empujar unas tetas que no tenía y sonreía al espejo con las paletas de adelante separadas. No escuché lo que dijo, pero debió ser algo muy gracioso porque la carcajada entrecortada de Carla hizo eco en la habitación. A veces, cuando mi hermana se reía así, yo sentía vergüenza y miraba hacia otro lado.

En la esquina frente al armario descubrí una pequeña estantería de pino con tres hileras de libros. Me sorprendió que Victoria tuviera libros en su pieza, libros suyos. Perfectamente alineados y cerrados en sí mismos, parecían más misteriosos que la ropa. En la hilera de arriba había ejemplares de una colección de clásicos que antes se vendía en puestos de diarios. En la hilera del medio había manuales de inglés, dos tomos de la enciclopedia universal y varios *bestsellers* mordidos por las ratas. Levanté uno, lo hojeé. Leí una frase cualquiera, después otra... y otra más en la última página. Mientras pasaba de una oración a la siguiente, imaginaba los ojos vivos de Victoria posados en aquellas mismas palabras, sumándolas hasta formar frases, párrafos, ideas. Victoria haciendo el mismo camino mental que ahora hacía yo. Fue como meterme en sus pensamientos. O peor, fue como tener sus mismos pensamientos.

Me acerqué a la ventana y me pareció que nuestra casa estaba más cerca de lo que había imaginado. Desde esta pieza se debían de oír todas las conversaciones en el patio y seguro también las de la cocina. Cualquier ilusión de privacidad sólo podía ser un gesto de cortesía por parte de los vecinos. Además, estaba la fealdad de nuestro patio, con las palanganas de distinto tamaño acumulando trapos en remojo, algunas baldosas levantadas, el lavarropas despintado que funcionaba mal. Por un momento pensé en trepar el muro todas las tardes y espiar a mi familia como si no la conociera. No lo iba a hacer, no tenía ni la tenacidad ni la curiosidad que hacían falta, pero me hubiese gustado ser el tipo de chica que hace eso porque sí, para sí misma.

—¿Sabían que Victoria le escribió una carta al padre antes de pegarse el tiro? —dijo Carla mientras se sacaba el guardapolvo—. Me contó Mabel.

Era la típica confidencia que Mabel jamás me contaba a mí en las visitas que hacía a su cuarto.

—Yo también le dejaría una carta a papá —declaró Natalia mirándose con las sandalias plateadas todavía puestas.

—¿Y qué decía?

—Algo del auto. Habían discutido porque el padre no le dejaba usar el auto, pero al final de la carta le decía que en realidad se había peleado con todas las amigas y le pedía perdón.

—Pobre Martín... Y pobre la madre.

—¿Por qué la madre?

—No sé, me da pena que no le haya dejado una carta a la madre —dije porque imaginé la humillación que sentiría mi madre si alguna de nosotras se suicidaba sin dirigirse a ella, sin honrarla.

—A mí me da más pena el padre —dijo Carla—. ¿Qué se hace con una carta así?

Salí al pasillo y abrí la única puerta que seguía cerrada. A diferencia de las demás, era de chapa con una ventanita de vidrio arriba. El baño era y no era como lo había imaginado. No había suciedad ni olor a agua estancada. La ducha ni siquiera tenía bañera sino el clásico tabique bajo para contener el agua recubierto con los mismos azulejos que las paredes. No era el baño digno de la muerte de una chica hermosa. Y sin embargo fue ahí, en aquel tabique bajo, donde encontré lo que buscaba. Una abolladura, una leve pendiente con los azulejos agrietados. Me senté en el piso y acomodé el cuerpo para calzar la nuca en la concavidad. Sentí la firmeza del suelo en la espalda, el cuello, y cerré los ojos.

—Vos le dejarías una carta a mamá.

Carla me había seguido y me miraba desde el pasillo. Se había quitado el vestido y en el corpiño de algodón se veían trocitos de hilo amarillo.

—Sí, yo le dejaría una carta a mamá.

Imaginé a mi madre llorando frente a una carta de despedida. No me costó ningún esfuerzo porque en mi mente, mi madre era un catálogo de gestos precisos que jamás daban lo mismo.

—Vos seguro le dejarías una carta a papá —contesté. Claramente era una provocación.

—No —dijo Carla—. Yo no le dejaría una carta a nadie.

No solíamos mirarnos de frente así. Estábamos acostumbradas a chequearnos, a leer nuestras reacciones de un vistazo, pero no a detenernos en las pupilas de la otra.

—¿Esta era Victoria? —Natalia apareció por el pasillo con una foto en la mano.

—¡Bajen la persiana cuando se vayan! —gritó Carla mientras se perdía por la habitación de Martín.

La foto de Victoria tenía colores muy contrastados con la pátina de brillo típica de los rollos Fuji de los ochenta. Se la veía de perfil, jugando con un caniche blanco. No recordaba que hubieran tenido un perro. Tampoco recordaba sus rasgos con la precisión que le devolvía la foto: la nariz recta y un poco grande, nariz de hombre, los muslos fuertes, los granitos en la cara. Sí recordaba el bronceado envidiable de las personas que tienen pileta en la casa. Parecía más chica que en mi recuerdo.

—Sí, esa era Victoria.

—Tampoco era tan linda, ¿no?

Volvimos al cuarto. Natalia se fue a revisar los libros y, por primera vez, yo me acerqué al placar. Empecé a abrir los cajones con miedo a que saliera alguna rata. Había remeras apelmazadas, ropa interior de algodón amarillenta, fotocopias del colegio... Y flotando por encima de todo, un olor que no era fuerte pero sí ineludible, el olor de los objetos forzados a una quietud sin luz. Me dispuse a cerrar la puerta espejada del placar, pero un frasco me llamó la atención. Brillaba al fondo del estante de perfumes y maquillajes. Era el típico frasco de vidrio grande con la tapa pintada de blanco que se usa para guardar ajíes o berenjenas en escabeche. Adentro, un montón de billetes arrugados en bollitos y apretados entre sí esperaban a ser recogidos como luminosas promesas de valor.

No me dio pudor agarrar el frasco, pero algo parecido a la pena me impedía abrirlo. Eran australes, la moneda de mi infancia. Abajo había billetes de diez y de cincuenta, pero más arriba se veían algunos de cinco mil, diez mil y hasta cincuenta mil. Evidentemente, Victoria había ido almacenando allí sus ahorros durante años, y por eso en la base habían quedado los billetes pequeños del principio y, poco a poco, igual que los sedimentos en el muro de un acantilado, encima se habían ido depositando los de mayor valor, hasta formar estratos de la economía argentina, la escultura de una moneda inestable en un período de hiperinflación. Las caras de Sarmiento, Juárez Celman y Quintana se mezclaban sin ofrecer recompensa alguna porque, en 1995, los australes no tenían valor de cambio. La materialidad del papel se había impuesto al aura del billete, como sucede con los papelitos que se usan para el intercambio cuando se acaba la partida en los juegos de mesa. Un dinero sin precio ni capacidad de transacción, una moneda muerta.

El ahorro moldea la imaginación. Seguro que cada vez que había guardado un billete en el frasco, Victoria le había asignado una imagen mental, alguna escena en la que se veía más libre, más linda o más sana. Pero aquellos australes también habían sentido la vibración del disparo.

—Sí, yo le dejaría una carta a mi papá porque mi mamá tardaría demasiado en venir desde Córdoba para leerla. —Seguía pensando Natalia en voz alta—. ¿Te imaginás que se la mandara por correo?

—Vamos —dije mientras dejaba el frasco en su sitio y cerraba el placar.

Quería irme, quería alejarme de esos objetos.

—¿Sabés qué? —le dije a Natalia, que seguía mirando los libros—. Yo también podría dejarle una carta a tu papá.

Pero parecía demasiado concentrada como para valorar mi revelación. O, si se dio cuenta, le dio tanta importancia que prefirió quedarse callada. Fuimos a la habitación de Martín y nos escabullimos por debajo de la cortina rota. Empujamos juntas el ventanal y, como si hablara consigo misma, Natalia contestó:

—Yo creo que Carla te dejaría una carta a vos.

Caminamos en fila india por el balcón y mientras esperaba a que mi hermana menor bajara cuidadosamente por el muro, levanté la vista. Ahí estaban nuestra calle de tierra, los lapachos cargados de flores y las casas de madera de los vecinos, todo unificado con la pátina blanca del sol abrasador y el calor de la siesta posadeña, en un bloque de belleza estática y provinciana que sin duda instauraba su propia devoción. Me di cuenta de que de ahora en más, cada vez que estuviera sentada a la mesa en mi cuarto y mirara hacia esta casa, iba a estar condenada a recordar las cosas de Victoria, la ropa, los australes macerados en el frasco. Esas imágenes se iban a superponer a las de antes, a las de mi infancia, formando un nuevo pasado tectónico que venía a respaldar este nuevo presente familiar. Estábamos dejando atrás un misterio, creando e incorporando nuevos recuerdos, y como sucede ante cualquier vacío que se llena, sólo podía esperar con ansias lo que venía a continuación.

TRES

A todo el mundo le conviene tener un futuro a disposición, algo a la espera, capaz de arrancar en el instante exacto en que se dice *ahora* porque decir ahora es entregarse —por fin— al azar de las cosas que son.

—Ahora —dice entonces mi segundo padre y me toma suavemente del codo para cruzar la calle.

Dejamos atrás la plaza 9 de Julio, a Carlitos y a los lavacoches. Avanzamos dando zancadas firmes, sin prisa. La elegancia, o lo que mi segundo padre entiende por elegancia, es una imagen en la que conserva todo su orgullo. Si las cosas no salen bien, al menos le quedará el consuelo de haberse mantenido fiel a sus ideas. La mochila colgada al hombro le da un aire moderno, pero no puedo evitar recordar que un fajo solitario rebota en su interior, como el juguete recién estrenado en la mochila de un niño. A mí, en cambio, las bolsas pegadas a la cintura me molestan, las puntas de los billetes se me clavan en la ingle y casi puedo sentir las miradas de los tipos sentados en las mesas del Café Popular, el centro de operaciones de la ciudad. Los hombres llevan generaciones sentándose en esa misma esquina, desde que Posadas era apenas una trinchera que pasaba de manos entre Argentina y Paraguay. Creo que es imposible que no se den cuenta, que no vean lo que estamos haciendo. El dinero no se puede disimular. Marca el carácter del cuerpo, da velocidad a los ojos y aplomo a los músculos.

—Ya casi llegamos.

El coche está estacionado frente a la sede de la logia masónica, una casa achaparrada de finales del XIX con dos columnas pulcramente pintadas al frente. Me gusta pensar que en las ciudades de provincia ni siquiera las logias secretas se resisten a la tentación de mostrar sus privilegios. Aunque jamás se vea entrar a nadie, los masones declaran a gritos su importancia conservando impoluta la entrada debajo del friso con la escuadra y el compás.

—¡Tres llamadas perdidas de Ayala! —dice mi segundo padre con su tendencia al énfasis. No le gusta llevar el celular encima y lo deja «escondido» en la guantera del auto.

Ayala es el director de la oficina de suministros de la Municipalidad. No lo conozco, pero su nombre suena todo el tiempo en casa. Tiene un hijo con algún grado de discapacidad y siempre que se habla de Ayala, en el fondo se está hablando también del hijo.

—Acabo de ver tus llamadas... —Mi segundo padre sostiene el teléfono con la mano izquierda mientras con la derecha cambia las marchas y conduce—. Ah, sí, sí. Me acaban de contar que encontraron a uno en la orilla...

Hay muchas empresas de alquiler de maquinaria en la provincia y todas necesitan contratos con el Gobierno para subsistir. Pero mi segundo padre —siempre tan creativo para las estrategias— encontró una manera de diferenciarse. Desde hace tiempo se presenta únicamente a las licitaciones de contratos menores: obras de mantenimiento o reparación del espacio público en las que nadie quiere detener sus máquinas. Eso le permite negociar con mandos medios, en lugar de tener que tratar con políticos «importantes» que piden mordidas más grandes y cambian cada cuatro años. Los Ayalas, Ramírez o González son funcionarios con cierto margen de decisión en los presupuestos corrientes, que no saben demasiado, y que tampoco quieren saber.

—¿En el camalotal? Sí, con la mini de Volvo es suficiente. —Mi segundo padre hace un giro brusco a la derecha y se mete por una de las callecitas que bajan al río. Eso sólo puede significar una cosa.

—¿Adónde vas? —pregunto en voz baja.

Él mira hacia arriba y levanta las cejas, como echándole la culpa a un cielo inaccesible. Los países también necesitan un futuro a disposición, algo a la espera que arranque en el instante exacto en que se dice *ahora*, aunque eso sólo implique precipitarse a un destino que ya no se puede postergar. En la facultad, mis compañeras y compañeros se pasan horas discutiendo en bucle el origen de la crisis, las medidas económicas o la entrevista que dio un ministro en la tele, como si agotar las noticias fuera el proceso de pensamiento más verdadero. El Gobierno lleva meses tomando pésimas decisiones. Los destinos privados y la indignación colectiva confluyen en una desesperación compacta, sin fisuras. Pero la urgencia por hacer algo también se mezcla con una enorme teatralidad. Eso pienso a veces en el patio de la facultad, cuando escucho a otros, a los que entienden más y mejor que yo. Presto atención e intento acomodar lo que creía que era Argentina a lo que Argentina es en realidad. En la secundaria en Posadas jamás me había interesado por la política argentina (es decir, el relato de la Capital). El Estado nacional era una novela que pasaban por la tele y que después se convertía en un tema de conversación entre mi madre y mi segundo padre. Pero en la universidad descubro que, a pesar de mi silencio, yo también soy un «sujeto político». La crisis exige compromiso y no alcanza con salir a repartir comida en la calle: lo que tenemos que hacer es «tomar las calles». Yo quiero comprender y, al mismo tiempo, disfrazar un poco mi ignorancia. Sin embargo cada noche, cuando vuelvo al departamento que alquilamos con Carla en Parque Centenario, recobro aquella vieja cautela desapasionada de la infancia, aquella tibieza ante los extremos que no me permite comprometerme con ningún ideal. Es cobardía, claro. Pero también la intuición de que a toda esa emoción política le falta realidad, un afuera del círculo cerrado de referencias de la facultad. Ninguno de mis compañeros menciona jamás los ahorros familiares, pero muchos viven en barrios buenos de la Capital y no de alquiler. De los que hablan en los círculos del patio, son pocos los que trabajan o buscan activamente trabajo. Nadie habla de dinero familiar ni de propiedades, pero cuando armamos algún plan para el fin de semana largo, siempre aparece un «departamentito» en Mardel o en Pinamar.

Por eso ahora, mientras avanzo por una ciudad sin prestigio forrada con ochenta mil dólares en bolsitas de polietileno, intento imaginar qué pensarían mis compañeros si me vieran, qué futuro apostarían para estos dólares. A ambos lados de la calle, un ejército de barrenderos intenta limpiar el desastre de la noche anterior.

A la crisis nacional, se suma acá una crisis propia: el clima. Desde hace semanas amanece despejado y poco a poco se van acercando grupitos de nubes bajas, sin apuro, como vacas pastando en un campo infinito. Se acoplan y acumulan hasta formar una losa gris que renueva el miedo de los locales a la potestad absoluta de la naturaleza. De repente, se levanta una ráfaga de tierra colorada que desordena la ropa en los tendederos, los que andan caminando por el centro corren a protegerse en las paradas de colectivo y los vendedores ambulantes levantan sus puestos con una velocidad fenicia. La lluvia desenfrenada taladra los techos de chapa, la superficie del río y los capós de los coches, y en apenas cincuenta minutos la ciudad se vuelve a inundar. Es por culpa o gracias a esas tormentas que Ayala necesita a mi segundo padre. Encontraron el cadáver de uno de los canoeros enredado en el camalotal que se estanca en los terraplenes de Villa Sarita siempre que sube el río. Hay mucho interés en el tema, el fotógrafo del diario provincial más importante está en camino. Tienen que sacar el cuerpo cuanto antes y tienen que hacerlo de forma prolija.

—¿Y sacarlo con una excavadora es hacerlo «de forma prolija»?

—La excavadora es para abrir la zona, Belén. Al tipo lo sacan los buzos de Gendarmería.

—¿Y vos tenés que estar ahí?

—¿Y a vos qué te parece?

Mi segundo padre se queda en silencio mientras repite mecánicamente los movimientos de poner las marchas, acelerar y frenar. Los dedos apretando con fuerza el volante, las pupilas rápidas, la necesidad de mantener el control, la dignidad.

—Son casi las doce. Tu madre no va a tardar más de diez o doce minutos en llegar a Villa Sarita desde la oficina —concluye aferrándose a las cifras exactas para encontrar cierta tranquilidad.

Villa Sarita es el barrio más antiguo de la ciudad y también el más caro. La mayoría de las calles son empedradas para que los coches circulen más lentos. La última vez que estuve de visita acompañé a mi madre a la peluquería de hombres en la que se corta el pelo, por esta misma calle. El hecho de que mi madre lleve el pelo corto desde hace más de quince años no deja de ser una novedad. A veces todavía me quedo hipnotizada mirando cómo se tensan y aflojan los músculos de la nuca cuando se ríe, cuando se maquilla, cuando remueve la tierra en las macetas. No usa el pelo corto porque sea más práctico o más fresco, en cuestiones de estética no valora la comodidad. Lo lleva a lo *garçon* porque es una declaración de intenciones.

—Buscá en los contactos uno que dice «Oficina». —Y me pasa el celular.

Llamo, saludo al empleado y le devuelvo el teléfono. Le dice que tiene que ubicar al maquinista de la mini de Volvo cuanto antes. Si hace falta, lo tiene que ir a buscar en auto ya mismo.

Ayala es físicamente más interesante de lo que había imaginado. Debe tener un poco menos de cincuenta, pelo gris abundante, y el bronceado homogéneo de las personas que tienen pileta en la casa. Está de pie rodeado por un grupo de hombres que deben ser técnicos o empleados de menor rango que él y le cuentan cosas. Me parece increíble que se hayan alineado tantas calamidades: la crisis, los ahorros del banco, las tormentas, el muerto. Mi segundo padre se acerca caminando muy despacio, pero antes de unirse al resto se queda un momento quieto, mirando algo fijamente. Se da la vuelta y me señala hacia la zona donde seguro está el muerto. Yo prefiero mirar hacia otro lado, hacia el Paraná.

Es cierto lo que dicen, está cambiando. El famoso tono cobrizo por el exceso de hierro se está transformando en un marrón vulgar, un tono espeso y opaco como el de cualquier río tumultuoso. Las tormentas cargan los arroyos y afluentes, que a su vez hacen desbordar las alcantarillas, y todo va a parar al mismo caudal. Cuando está crecido, el río parece un animal sordo y es imposible mirarlo sin desear algún tipo de orden, cualquier mecanismo humano capaz de controlar la realidad.

—¡Ahí está el muerto! ¡Ahí mismo! —dice un vecino que mira de pie bajo la sombra de un chapeu.

—Parece un gorrioncito —contesta la mujer a su lado.

Una lancha de Prefectura flota entre los camalotes con el motor apagado. Me resisto a mirar el cadáver, ya sé que los cuerpos que flotan en el agua no tienen el eje de la fuerza de gravedad y parecen doblemente muertos. En el coche hace tanto calor que me falta el aire. Las gotas de sudor resbalan por debajo de las bolsas y me hacen cosquillas. Me levanto la remera. No importa lo rápido que pase la mirada y haga como que no existe: un fajo de billetes es un fajo de billetes acá y en China. Las bolsitas de adelante se desprendieron de la base, la única que queda firmemente pegada es la primera, pero ni siquiera así, reducidos por la vulgaridad de la escenografía, los dólares pierden el aura. Siguen emanando una hiperconcentración, casi un lujo en potencia. Pensar que en el mundo hay gente que va a comprar una barra de pan y paga en dólares. La brisa trae el olor del agua del río, un olor suave a legumbres y combustión. Si miro más allá del grupo de hombres, si fijo la vista en el flujo central del río, en un punto equidistante entre Argentina y Paraguay, todo esto en realidad podría ser muy bonito.

Los buzos llegan sentados en la parte trasera de una camioneta del Ejército, inexplicablemente enfundados en trajes de neopreno. Se acercan al agua descalzos, inmunes a los pinchazos de las piedras y a la basura en el arcén. Hay un momento tenso con los oficiales de Gendarmería, no se ponen de acuerdo en quién tiene que llevarse el cuerpo cuando lo saquen. Mi segundo padre, unos metros más atrás, sigue debatiendo con Ayala y los peones. Les señala la zona por la que puede entrar la mini de Volvo y, cada tanto, mira hacia el coche.

—No son buzos en serio —se queja la mujer debajo del chapeu—. ¡Ni siquiera tienen tanques de oxígeno!

Salgo del coche y me siento a la sombra del cartel de una vieja farmacia cerrada. La trompa del Fiat plateado de mi madre aparece bajando por la pendiente sin hacer ruido, como si el motor estuviera en punto muerto. Querían cambiarlo, tal vez ahora, con el dinero en casa, se animen. Mi madre es una cabeza detrás del volante. Las gafas oscuras, el maquillaje intacto. Hace más de tres meses que no la veo. Desde que me fui a estudiar a Buenos Aires, cada vez que la distingo esperándome de pie en el andén de la estación de colectivos o, como ahora, buscándome con la mirada desde el coche, siento el golpe del reconocimiento, la contracción de un reencuentro que no sabía que estaba deseando. Mi madre. La confirmación de que está viva y sigue siendo la misma es la antesala de la emoción contraria: la certeza de que se va a morir y ya no voy a poder estar segura de cómo era. Me hace un gesto con la cabeza, se baja del Fiat y se acerca. Me da el mismo abrazo rápido de siempre, reteniéndome un segundo más al final como si recién en ese punto recordara que su hija existe más allá de sus pensamientos y está ahí, de nuevo entre sus brazos. Es un diálogo directo con la materialidad de mi cuerpo. Me pregunta si dormí en el viaje. Me pregunta si mi segundo padre consiguió hablar con el maquinista de la mini de Volvo. No me pregunta por los dólares, seguro por su viejo pudor o porque sabe que, si hubiese pasado algo, ella habría sido la primera en enterarse. Levanta el brazo hacia mi segundo padre, que le responde con una mirada que se reserva exclusivamente para ella, su mujer; una mirada rápida que parece decir siempre «sí, ya sé».

—¡Las llaves! —grita señalando el auto.

Él se aparta del grupo y empieza a acercarse por el terraplén inclinado.

—¿Lo viste? —me pregunta mi madre. Me gustaría que me preguntara por los cacerolazos en Buenos Aires o por mis exámenes. Me gustaría sentir que está interesada en mí desde una curiosidad adulta, pero eso casi nunca sucede o no de la forma en que yo lo espero—. ¿Sabés que nunca vi un ahogado? Toda la vida frente al río y nunca vi pasar un muerto.

—Miralo, está ahí —contesto y entonces no me queda más opción que verlo.

Flota boca abajo. Es un trozo inmenso de papel mojado, tan liviano que acompaña el bamboleo de la superficie con sencillez, como si el agua hubiese sido siempre su medio natural. La camisa sigue siendo blanca, no importa que esté mojada y sucia, no importa que lleve días pudriéndose en el agua: la noche en que murió, el hombre llevaba una camisa blanca y un vaquero azul. A esta liviandad del movimiento se impone entonces la monstruosidad de saber que no es papel y que ese no es su medio. La conciencia de que es un hombre llega con la imaginación de lo que debió sufrir, la desesperación de una muerte en el agua en mitad de una tormenta, y todo ilustrado además por un montón de cajitas de plástico que flotan a su alrededor, enredadas en las raíces de los camalotes.

Mi madre no lo está mirando. Se sacó las gafas oscuras, pero sigue con los ojos a mi segundo padre.

—Mejor esperemos en el auto.

Mientras nos acercamos al Fiat, la miro de reojo. La nuca desnuda, la camisa y la falda azul con forro de raso, esa mezcla de tabaco y perfume macerados por el aire acondicionado de la oficina la vuelven todavía más ella: mi recuerdo coincide con la mujer real. En los términos de la facultad, diría que mi madre es materialista porque entiende la vida como un intercambio de energía entre las personas y las cosas.

—¿Todo bien? —me pregunta mi segundo padre. Apoya una mano en el techo del auto y se agacha del lado de la ventanilla del conductor.

—Obvio —contesto.

Me mira como si no me hubiese entendido. Después mira a mi madre y repite:

—*Obvio*.

Las manchas de transpiración en el cuello y en las axilas de la camisa van a seguir creciendo, igual que las manchas en la camisa de Ayala y en las remeras de los operarios, hasta unificarlos a todos en una desprolijidad masculina estándar, muy del calor mesopotámico y de la desidia subtropical. Esta escena frente al río es la típica anécdota que no puedo contar en la facultad sin que se pierda o se desvirtúe lo importante. El muerto y la crecida del Paraná son anclas de sentido, absorben y cubren cualquier otra realidad.

—¿Vas a tardar mucho? —pregunta mi madre mientras pone en marcha el Fiat.

—Sí, va para largo. Ustedes coman nomás. —Y recién entonces, en el último instante, le pasa ceremonioso la mochila con el noveno fajo.

—Le dije a Mabel que haga milanesas —dice mi madre cuando dobla en la esquina. El menú es un tributo a mí, su hija recién llegada.

—Está bien eso —digo y señalo el muro exterior de una escuela pública en el que alguien escribió con aerosol: «LA HISTORIA SE PUSO BARROCA».

—¿Te parece? Como si no fueran lo mismo de siempre.

Ese tipo de generalidades es la menopausia en mi madre: una forma nueva de hablar. O más que de hablar, de cerrar la conversación. Las hijas sabemos que está en el comienzo de un proceso raro que, aunque nadie lo admita, nos da miedo. A veces mi madre habla de su menopausia como de un acontecimiento que nos afecta a todos, una amenaza familiar. Otras, como si fuera una revolución privada que la empuja a revisar su propia historia. En ambos casos parece un reclamo de atención, una adolescencia invertida. Ahora la veo con las manos apoyadas en el volante a la altura de los hombros y trato de descifrar qué le habrá pasado en estos meses.

—Necesito sacarme esto —digo—. No aguanto más.

—Esperá que lleguemos a casa.

—Pero ya está todo caído.

—Igual. En cinco minutos llegamos.

—¿Por qué no fuiste vos al banco?

—Porque él insistía en que era más seguro que fueras vos, dice que es más difícil que le roben a una piba.

—¿Y por qué no fue con Carla?

—Con tu hermana no se puede contar para estas cosas.

Al orgullo de sentirme reconocida siempre le sigue una sensación de retraimiento, casi una desconfianza. Avanzamos por una de las avenidas más lindas, con bulevares repletos de viejos jacarandás y lapachos que proyectan una sombra espesa. El suelo de las plazoletas está cubierto de ramas y hojas podridas por las tormentas. En algunos tramos las veredas están tan congestionadas que los transeúntes tienen que avanzar por la calle en fila india, pegados al cordón. Cuando llueve así, toda ilusión de urbanismo se desploma y Posadas adopta su tamaño real, una ciudad levantada a fuerza de acumulación pasiva, de resistencia a los cacicazgos políticos y al clima.

—¿No te da miedo tener noventa mil dólares en casa?

—No son noventa mil.

—Yo tengo ocho fajos de cien dólares, más el de la mochila...

—Da igual, Belén. Claro que me da miedo, es una locura —contesta mi madre, pero lo hace sonriendo como si se tratara de una locura menor, un detalle en el marco de otras locuras más grandes. Evidentemente su miedo a la pobreza no está ahí.

Miro el retrovisor: ninguna moto, ningún coche siguiéndonos detrás. Lo vamos a lograr. Vamos a llegar con los ahorros a casa, los vamos a volver a guardar en el tercer cajón de la cómoda —su hogar original, el nido que los protegió cuando empezaron a adoptar una forma— y en algún momento, tal vez el mes que viene o dentro de un par de años, los van a usar para cambiar el Fiat, por ejemplo, o, con un poco de suerte, para comprar un departamento en Buenos Aires en el que vivamos Carla, Natalia y yo.

—No voy a volver a la oficina. Voy a quedarme en casa... nunca estoy en casa a esta hora.

Avanzamos por nuestra calle que, al igual que la mayoría, se pierde en un grupo de árboles bajos que anticipan la barranca al río. El coche va aminorando la velocidad hasta que se detiene bajo la sombra de un lapacho. Siempre que me reencuentro con la casa siento que mi vida en Buenos Aires se volatiliza, se vuelve imaginaria, una vida paralela a la realidad que siempre ha sido y siempre será esta casa, en esta ciudad.

—Mabel debe estar en la cocina. Vos subí al vestidor que yo la entretengo.

Subo corriendo. Mis piernas, mi olfato, mi vista... Todo mi cuerpo es capaz de repetir a ciegas los movimientos exactos para no chocar contra las esquinas de los muebles, girar en el rellano de la escalera y repetir la altura precisa de cada escalón. La alfombra salteña en el estar de arriba. Las cortinas semi cerradas. El olor a citronela. Las puertas abiertas de las habitaciones. Encima de mi cama hay un montículo de ropa, carteras y zapatos de Natalia. La mesa frente a las ventanas está cubierta de revistas, pinturas y la típica taza de té que mi hermana deja a medio tomar antes de salir al colegio. Cuando paso por el cuarto de Carla, la veo de espaldas, con una remera vieja y un *short* hecho con un vaquero cortado. Está concentrada en algo que no llego a ver.

—Mirá... —le digo. Quiero mostrarle los dólares, pero mi hermana no se da la vuelta.

Me acerco y por encima del hombro veo que está leyendo un manual de instrucciones pequeñito. Un poco más allá, entre los objetos del escritorio, la caja abierta de un teléfono celular.

—¿Y eso?

—Mío.

—¿De dónde sacaste la plata? —pregunto porque sé que sus ahorros en Buenos Aires apenas le alcanzaban para comprar el forro protector del teléfono.

—¿Qué significa «*call log*»? —me pregunta.

—Ni idea.

—Tomá... —Y me pasa el manual de instrucciones con una bronca que se esfuerza por disimular. Seguro lleva un buen rato configurando el aparato y siente que está perdiendo, que las instrucciones y los «paso a paso» una vez más la van a vencer.

—¿Qué te pasa, no sabés leer? —digo, porque no quiero ponérselo tan fácil. Estoy segura de que mi madre le regaló el teléfono a mi hermana.

—Dale, fijate... —Me pide de la manera torpe y avergonzada en que pide favores—. ¿Qué pasó con los dólares?

Me levanto la remera.

—Usaron su sistema.

—¿Mamá tenía otro?

—Obvio.

—¿Y pelearon?

—Últimamente pelean por todo... O eso dice Mabel.

—¿Vos sabías que tenían noventa mil dólares?

Carla levanta los hombros. Se oyen los tacos de mi madre subiendo la escalera. Desprendo una de las bolsitas de la base, saco el fajo del interior y lo sacudo como un plumero a la altura de los ojos de mi hermana:

—Zorra —le digo.

La palabra «zorra» suena a traducción de película extranjera, es tan rara que parece elegida casi con amor. Carla se queda inmóvil detrás del abanico de billetes y deja caer el aristocrático mechón de pelo que le tapa un ojo.

—Zorra —repite.

—Significa «registro de llamadas», bruta. —Y le devuelvo el manual intacto.

Espero a mi madre en el pasillo y juntas caminamos hacia el cuarto sin ventanas que llamamos vestidor. Ninguna enciende la luz, como si las dos estuviésemos de acuerdo en que la media sombra es la correcta para el pudoroso espectáculo de los ahorros. La observo de espaldas mientras se baja de los tacos altos con un leve balanceo de caderas —primero el derecho, después el izquierdo— y con la misma parsimonia con la que un médico se quita los guantes de látex, deja la cartera y las llaves del auto encima de la cómoda. Parece que está pensando en otra cosa, pero ese es el estilo con el que mi madre ha sobrellevado siempre su disfraz profesional.

—Me muero de ganas de ir al baño. Esperame un minuto, que si te los sacás sola se pueden romper.

Me acerco al espejo y me quito la remera. Veo el pantalón cómodo que uso siempre para los viajes, las suelas de las zapatillas enceradas con el *smog* de las veredas porteñas, mi cuerpo flaco y sudado, emancipado de todo atractivo. No sé qué pensar de esta imagen de mí misma con los dólares colgando en una ristra de bolsas. No siento vergüenza ni dramatismo. Supongo que algo así debió pensar Carlitos en la plaza, la sensación de una importancia desviada, como si la historia no estuviese en la Historia. Capaz también sintió un poco de envidia. En cualquier caso, jamás indiferencia.

Me llega el olor del producto con el que Mabel limpia los pisos y que va de la mano del silencio doméstico de la mañana. Cumplimos, estamos acá. Me imagino una discusión en el patio de la facultad con mis compañeros. Me veo potente y certera, participando en un orden sencillo en el que los buenos son siempre buenos, los malos siempre malos, la economía sigue una lógica, y la política, una moral. Me imagino con el cuerpo y los gestos de alguien que conoce su lugar en la escala. Pero la descarga en el baño me despierta. Sé que no voy a contarle a nadie lo que estamos haciendo y este silencio en torno a los ahorros me une para siempre a la clase media argentina.

Mi madre vuelve del baño, se arrodilla y le entrego el fajo que traía en la mano.

—No me acordaba que fueran tan nuevos —dice.

—Parecen falsos.

—¿Te imaginás? —Y con su mera sonrisa aniquila esa posibilidad. Gira hacia la cómoda y abre el tercer cajón. Saca pares de medias, el sobre de plástico azul en el que guardan los pasaportes y el viejo revólver envuelto en una camiseta.

—Ahí va el primero. —Y lo empuja al fondo, con una fe inquebrantable en el escondite. Espero algún gesto de mi madre, alguna palabra que relativice esta situación, pero no dice nada. Emana la tranquilidad de un perro guardián, la misma fuerza sencilla y dogmática de un cancerbero.

—¿Te acordás esa vez que entró un tipo?

—Claro.

Mi madre crio a tres hijas en un barrio periférico de una ciudad de provincia. La posibilidad de que nos dijeran cosas, nos tocaran o «algo peor» era un miedo con el que nosotras aprendimos a crecer. Formaba parte del escenario, una parte que se podía racionalizar perfectamente, como la picadura de una medusa en el mar. Los tipos peligrosos estaban ahí, eran los padres o los hermanos en las casas de los vecinos, y había que estar extremadamente alerta. No dejar caer ni una sola concesión, ni media sonrisa, aunque el piropo tuviera gracia.

—...el que nos silbó a Mabel y a mí...

—Sí, me acuerdo, fue el día que le disparó al ombú.

—Nunca entendí por qué alguien entra a una casa, silba para que los de adentro se den cuenta de que está ahí y después se va sin robar nada.

—¿Qué no entendés?

—Son pobres, mamá. Y en nuestra casa hay un montón de cosas...

—Por el mismo motivo por el que ustedes se metían en la casa de al lado. —Mi madre se queda pensando un momento. Me mira, sin rastro de incomodidad—. A veces las personas hacen cosas sólo porque sí, sólo para ver qué pasa.

El pelo corto, el cansancio estoico, la voz suave y sin titubeos no describen ni representan a esta mujer. Supongo que eso le pasa a todo el mundo, sentir que su madre no se parece a ningún sujeto del reino animal, vegetal o mineral. Mi madre es para mí una emoción que se cierra en sí misma, una energía infinita y sin metáfora. Ahora forcejea un poco a la altura de mi ombligo, le cuesta desprender el siguiente fajo de dólares. Su perfume mezclado al olor de tabaco asciende, pero ella ya no está acá. En realidad, ahora me doy cuenta de que mi madre no ha estado conmigo en ningún momento esta mañana. Me ha ido a buscar, hemos venido juntas y estamos juntas ahora, pero ella opera en otro plano, en el centro del panóptico al que llega toda la información desde los 360 grados de la circunferencia familiar.

—Vos, mamá... Vos no hacés nada porque sí.

—¿Yo? —Se sorprende y me mira.

—Sí, vos... ¿Qué hacés sólo porque sí, para ver qué pasa?

—Yo no tengo tiempo —dice y vuelve al cuarto fajo.

«No tengo tiempo» es la frase típica de mi madre, su manera de recordarnos que el trabajo de la oficina y el trabajo de la familia la han apartado siempre de algo que supone que es su propia vida. Tal vez en el origen fue así, pero lleva tantos años repitiéndola, que se ha convertido en el mantra que pronuncia para que la dejemos tranquila. De pronto se me ocurre que de eso justamente se protege mi madre: de hacer cosas sólo porque sí, es decir, de gastar el tiempo de manera inútil, en una libertad sin forma. Y comprender esto, ver a mi madre como un ser continuo y querible en sus contradicciones, de pronto me hace sentir intensamente mi propia importancia.

—Te das cuenta de que ahora todo el mundo va a tener los ahorros en casa y va a ser un festival, ¿no?

—Sí, pero no podíamos dejarlos en la caja de seguridad.

Saca el cuarto fajo, y antes de guardarlo acaricia el lomo con el dedo gordo. Los billetes se separan, se individualizan un instante y se persiguen entre sí formando una ola verde que se agota muy rápido.

—Capaz no requisan las cajas de seguridad.

—Capaz, pero teníamos que guardarlos a mano.

—¿Por qué?

Mete el brazo hasta el fondo del tercer cajón y luego regresa meticulosa a mi vientre. Abajo Mabel le grita a las perras que no se metan en la cocina y yo empiezo a sentir ese tipo de furia lenta que nace de la impotencia, del odio de descubrir que todo el mundo sabe algo menos yo.

—¿Por qué los tienen que tener a mano? ¿Qué pasó?

Me mira desde abajo con el ceño fruncido. Se da cuenta de que no lo sé y agrega:

—Porque llegó la carta documento, Belén. ¿No sabías? Héctor hizo un juicio por despido improcedente y lo va a ganar.

Lo dice con la voz serena de quien enumera las cosas que son, y vuelve al quehacer de las bolsitas. Saca el quinto fajo, lo guarda. Después el sexto, el séptimo. En su corazón, ya transcurrió el tiempo que va a durar el proceso judicial, ya aceptó la condena y pagó lo que le corresponde a la empresa. Por eso mi segundo padre se resistía a salir del banco, necesitaba mantener un instante la ficción de un futuro protegido, no dejarlo ir, no todavía. Por eso a Carla le daba igual, porque estos ahorros ya no pertenecían a mi madre y a mi segundo padre. Y por eso mi madre no se puso nunca nerviosa, la mayor parte de estos fajos —aunque estén acá— ya no le pertenecen. Son los espectros de sus viejas fantasías de prosperidad. Los fantasmas de un esfuerzo desviado.

En momentos como este, es necesario tener una fe a disposición, un espacio ancho y sereno de inocencia en el que no intervengan las razones y sea posible sobreponerse al sinsentido de la realidad. Después de pagar la indemnización, algunos fajos de dólares van a quedar al fondo del tercer cajón, junto al viejo revólver y las medias. Y en los años duros que van a seguir a la crisis, cada tanto mi madre y mi segundo padre van a sacar un billete de cien dólares para cambiarlo a pesos en el mercado paralelo. En la conversión de la moneda, la naturaleza del dinero se va a modificar: lo que antes había sido un depósito de ilusiones se va a transformar en gastos corrientes, en facturas del dentista, arreglos del coche, respuestas a las necesidades de los cuerpos, su educación, su continuidad social. Si ahorrar es vivir en otro tiempo, desahorrar es alojarse en un presente radical. Esa ha sido siempre la verdadera alquimia de la clase media argentina: su voluptuosa capacidad para transmutar la energía no en prosperidad, sino en permanencia. Mantenerse es su modo de avanzar. Mi madre y mi segundo padre van a recordar lo que en realidad supieron siempre: que la fortuna no llega de la mano del ahorro sino de los golpes de suerte, de los caprichos de la economía que de pronto revaloriza ciertos activos (un terreno, un coche usado) y genera desde afuera el progreso. En momentos como este, es necesario tener una fe a disposición y mucho mejor si esa fe es sencilla. En cuanto pierda su condición de ahorro, el dinero volverá a ser sólo un objeto, una llave de paso para seguir haciendo lo que hay que hacer día tras día. Los billetes van a recobrar su movimiento natural. Se van a poder contar frente a la cajera del supermercado para recibir, a cambio, cosas. Mi madre y mi segundo padre van a sentir el consuelo de las obligaciones cumplidas y, a ratos, también el placer de algún capricho asequible, un abrigo nuevo en invierno, un viaje de fin de semana. Puede que todo esto parezca triste, pero trae el alivio de ser verdad. Después de todo, a diferencia del ahorro en dólares, en el intercambio en pesos va a estar involucrado el tacto y ya se sabe que el tacto —como sucede en los cuentos infantiles cuando la princesa besa por fin al sapo— es siempre el fin de la ficción.

AGRADECIMIENTOS

Mi querido Lwg, que cuando leíste la primera versión de este libro entendiste que el exergo firmado por Luis Chitarroni era también una dedicatoria.

Juan y Marta, por haber acompañado e insistido con esa paciencia que —entre quienes escribimos— es sin duda una forma de cariño.

Lorena, amiga insobornable, desde entonces y siempre.

Y gracias Andrés, porque como un mago sacaste, del libro que había escrito, el libro que quería escribir.

ÍNDICE

Esta primera
edición de *La ficción del ahorro*,
de Carmen M. Cáceres, ha sido impresa
con los papeles Munken Print Cream 18,
de 100 g, y Symbol Tatami Ivory, de 250 g.
Se ha utilizado la tipografía Tisa
OT. Y se terminó de imprimir
en el mes de abril del
año 2024.